まんがでわかる!

頭のいい説明「すぐできる」コツ

鶴野充茂［著］
藤沢涼生［作画］

三笠書房

はじめに

まんがを読むだけで、「頭のいい説明」がすぐできる！

本書は、**累計70万部ベストセラー『頭のいい説明「すぐできる」コツ』**の**まんが版**です。

まんがのストーリーを読むだけで、「頭のいい説明」が**簡単にできて、簡単に結果が出る**ように工夫をしています。

本書の物語は、デザイナーの佐藤希《さとうのぞみ》が、高級米菓子店主催の競合コンペに参加することから始まります。それまでほとんどプレゼン経験のない希は、大いに戸惑います。そんな彼女に手を差し伸べたのが、営業主任の高橋信人《たかはしのぶと》。希は、信人から学んだ「頭のいい説明」によって、コンペを勝ち上がり、一人前に成長していく……そんなストーリーです。

伝えたいことが、相手に正確に伝わらない――。

指示したとおりに、相手が動いてくれない――。

あなたも希と同じように、そうしたジレンマに悩まされたことがあるでしょう。

本書でお伝えする**「頭のいい説明」を身につければ、そんな悩みもすぐに解消**します。

頭のいい説明には、おおまかに2つの共通項があります。

1、「目的」がハッキリしている。

2、「相手への気遣い」ができている。

「説明の内容」がハッキリしていても、何のために説明しているのか、その「目的」がハッキリしない人が少なくありません。「わかりやすい説明」と「わかりにくい説明」の分岐点は、このあたりにあるようです。

今は、**「説明能力」がそのまま「仕事能力」として評価される時代**。成果主義が当たり前になったことで、「自分の成果」は自分で説明することが業務の一部になったのです。

本書のまんがを楽しみながら、これまで70万人の読者から支持されてきた「頭のいい説明」を身につけ、「仕事の可能性」を大いに広げてください。

鶴野充茂

目次

登場人物紹介

佐藤《さとう》 希《のぞみ》（29）

デザイン会社サードブリッジ（株）第６室の新任メインデザイナー。コンペを勝ち抜くため、高橋から「頭のいい説明」のコツを学んでいく。

高橋《たかはし》 信人《のぶと》（35）

サードブリッジ（株）第６室の営業主任。以前、婚活で希と知り合っていた。仕事仲間として再会した希に、「頭のいい説明」のコツを伝授する。

三橋《みつはし》 穂乃香《ほのか》（29）

天才デザイナー。サードブリッジ（株）元社長の娘。希とともにデザインスタジオを営んでいたが、父の引退を機にサードブリッジの社員に。

三橋《みつはし》 良夫《よしお》（35）

サードブリッジ（株）の新社長。穂乃香の兄。

佐藤《さとう》 司《つかさ》（36）

大手広告代理店・大通のディレクター。希の兄。

プロローグ

「頭のいい説明」は
簡単にできて、簡単に結果が出る！

私は
佐藤希《さとうのぞみ》
花も恥じらう（？）
29歳
303
デザインスタジオ
ほのか
キィ
美大時代の親友と
ふたりで小さな
デザイン会社を
やっている

オハヨー 穂乃香《ほのか》
昨日のレイアウト案 OK出たわよ
あ… うう…
はい… あのう…
これが親友の 三橋穂乃香《みつはしほのか》
天才デザイナーだ
穂乃香 貸して
はい お電話代わりました
あっ お世話になってます

デザインのセンスは抜群なのにひどいコミュ障
いつもボサボサのロングヘアーに着たっきりの上っぱり
でも私は　はじめて出会ったときから穂乃香の才能に一目惚れ
世間的には変人だ
美術大
UNIVERS
すごーい！プロみたい！誰の作品なの？
三橋さんよ
さらに「モフモフ」に弱い私にとって
毛足の長い小型犬のような穂乃香は超ストライクだったのだ
キャー可愛い！
私　佐藤希よろしくね!!

三橋さんのお父さんてあの三橋武夫なんでしょう
えーっ 超有名デザイナーじゃん
どうりで…あの才能は遺伝かぁー
生まれたときから私たちとは環境が違うのよ
お父さんと私は関係ない
私は私なのに…
穂乃香は父親のデザイン会社に入ることを拒否実家を出た
そして就活を開始
あらゆる会社を受けまくり落ちまくった
ポーン

穂乃香
私と一緒に
会社をやらない？
希…
うわーん
さよなら
内定
安定志向
私は
大手事務機器メーカーの
内定を蹴った…
そして
数年後の現在
希
これどうかな？
すごくカッコいい
じゃない
さすが
穂乃香
長くつき合えば
わかる
穂乃香は
コミュ障だけど
繊細でやさしい
人の気持ちが
わからない人間に
こんないい
デザインはできない

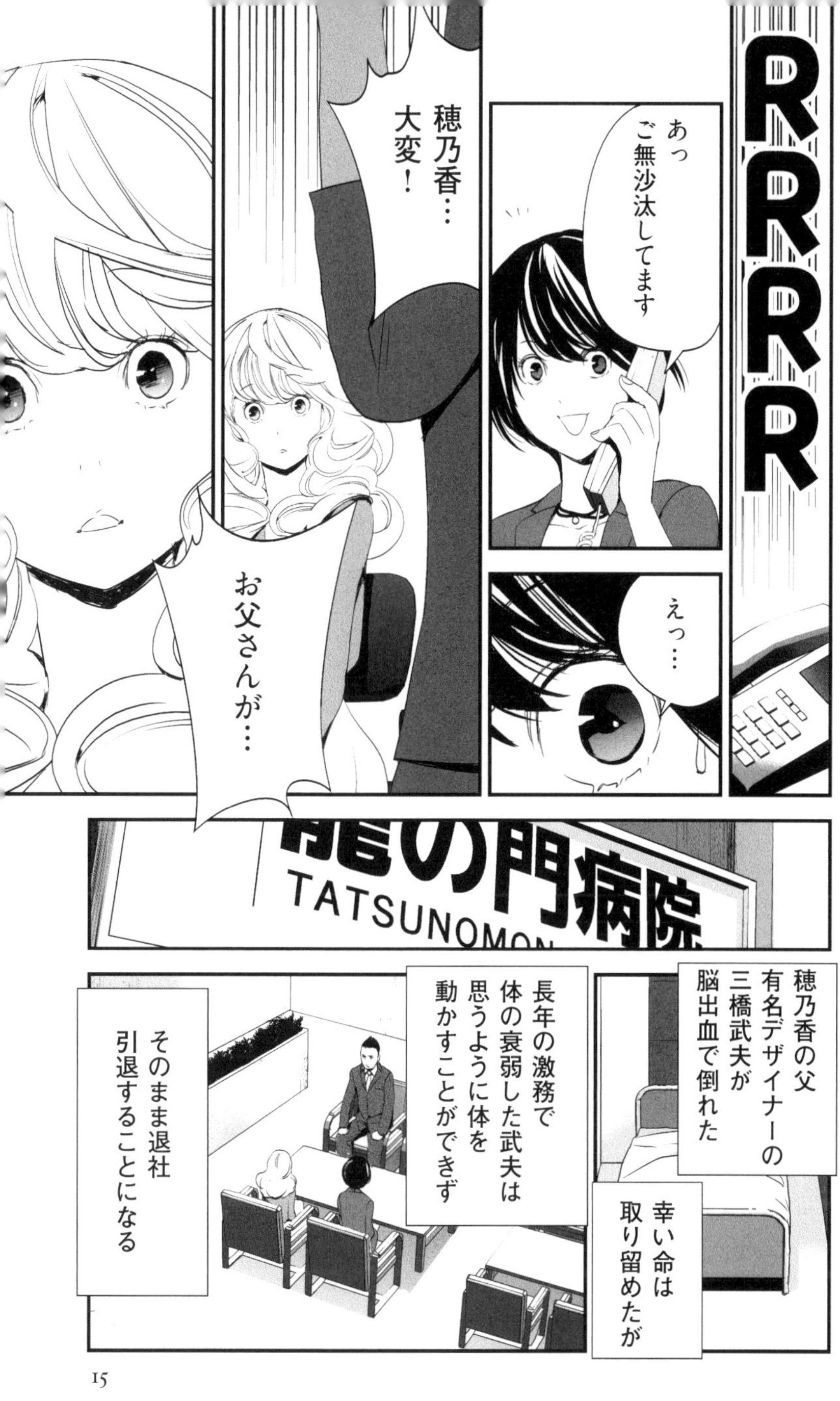
RRRR
あっ ご無沙汰してます
えっ…
穂乃香… 大変!
お父さんが…
の門病院
TATSUNOMON
穂乃香の父 有名デザイナーの 三橋武夫が 脳出血で倒れた
幸い命は 取り留めたが
長年の激務で 体の衰弱した武夫は 思うように体を 動かすことができず
そのまま退社 引退することになる

親父はもう仕事には戻れない
サードブリッジ新社長
穂乃香の兄
三橋《みつはし》良夫《よしお》（35）
穂乃香頼む
ウチの仕事を手伝ってくれないか？
う…でも…
希が…
私たちの会社が…
わかった希さんもウチの会社に来てもらおう
「デザインスタジオほのか」ごと吸収合併だ
こうして私は——
サードブリッジの社員となり
THIRD BRI
サードブリッジ株
この会社の社内コンペを通じて「頭のいい説明」を学ぶことになる…

すごい
このビルのワンフロア
借り切りだなんて
穂乃香の
お父さんの会社って
想像以上に
大きかったのね
今日から
お世話に
なります
こちらこそ
よろしく
歓迎するよ
で…
私たちは　どこに
配属されるんですか？
希さんには
ウチの8つある
デザインチームの
第6室の…
メイン
デザイナーとして
働いてもらいたい
メ…
メイン
デザイナー！
私が!!
あ…
でも
穂乃香は？

穂乃香は
私の直轄チーム第8室の
メインデザイナーとして
迎え入れる
穂乃香の面倒は
私が見るので
希さんは心置きなく
仕事に邁進してください
――わかりました
じゃあ穂乃香
またあとでね

まったく
社会人になって
何年も経つのに
学生時代と同じ格好
同じしゃべり方
信じられん!!
希さんが甘やかすから
いつまでたっても
穂乃香が大人に
なれないんだ
ふたりを
引き離さなければ…!!
No.6

ガチャ
今日からこちらに配属になりました佐藤希です
よろしくお願いいたします
アシスタントデザイナーの牧田《まきた》敦史《あつし》です
同じく石井《いしい》春香《はるか》です
営業の荻野《おぎの》正雄《まさお》です
どうぞよろしく
ガタ
営業主任の高橋《たかはし》信人《のぶと》です
あなたと同じく他社から引き抜かれて入社しました
このチームのまとめ役です
よろしく

あ…
……
机こちらを使ってください
あ…はい

なんで!?
なんで
あの人がいるの?
佐藤
あなたの相性で
ご紹介いたしました
男性の方から
お会いしたいと
リクエストが来てます
スッ
……

2年前
母親に無理矢理
入れられた
婚活マッチング会社で
出会ったお相手
3回デートしたけれど
なんかパッとしなくて
私から振ったんだった
その後 仕事が
忙しくなって
婚活はやめたけど…
気まずい…
やりにくいことに
なっちゃった…

穂乃香…大変！
お父さんが…
気まずい…
やりにくいことになっちゃった…

1章

「わかりやすい説明」は結論から始まる！

会議室1
meeting room 1
サードブリッジ
会議室
創業百周年ブランドリニューアル
(株)菓匠三好様
社内コンペ
「三好のあられ おせんべい」で有名な 菓匠「三好」様が
創業百周年を期して ブランドの全面的 リニューアルを することになった
山川専務
司会者
おもな変更点は メインビジュアル WEBデザイン 店舗デザインと パッケージデザイン
これらを 競合コンペで 応募する
菓匠
しょうゆ
優勝
我が社としては この仕事 ぜひ 勝ち取りたい
ついてはまず 制作班8チームによる 社内コンペを実施する
トーナメント戦で 勝ち抜いたチームの案が 競合コンペに提出される

コンペかぁ…
これに勝ち残れば私も一人前のデザイナーと認めてもらえるよね
そうですよ希さん！
がんばりましょう！
No. 6
穂乃香と離れて初めてひとりでつくるデザイン
自分の力量が試されるいい機会だ
希さん 希さん
ガタッ
は はい！
僕たち営業は三好の情報をできるだけ集めてきます
俺たちはWEBの分析をやってみます

そ…
そうね
とりあえず私は
三好の店舗を
回ってみる
意識しすぎだな
私
高橋さんは 普通に
接してくれてるのに…
あのときは…
もっともっと
素敵な男性が私を
待ってくれてる
妥協はしない…
なんて思ってて
その後は
会う気も起こらない
男性ばかりで
うっとうしくなって
退会しちゃったんだよな…
逃した魚は
大きいってね
…なんか
高橋さんもまだ
独身だって…
!!
私ってば
何考え
てるの!
仕事
仕事!

T百貨店
地下食品売り場
菓匠
あった
あった
高級米菓子店「三好」は
大正7年（1918年）
日本橋で
甘味屋として創業
最初はお汁粉などを
売っていた
戦後　せんべいで当てて
米菓の製造販売に
軸足を移す
三好
高品質な素材と
上品なパッケージで
贈答用商品として
人気が出る
店舗はデパ地下や
駅ビルなど
全国に展開
客層は圧倒的に
40代以上の女性が多い
若い女性は
いないいなー

いらっしゃいませ
このケースの端から端まで全部一点ずつください
……?
No.6
ポリポリ
あー 懐かしい三好の花あられ!
そうそう ウチもそう
誰もが一度は食べたことあるんじゃないですか
そうね 私もすごく久しぶりに食べたの
子どものころ いつも親戚のオバサンがお歳暮に送ってくれてましたよ
ポリポリ
普通においしいよね

でも
この1~2年に三好の商品を買った人いる？
いえ
そういえば自分で買ったことは一度もありませんね
わざわざデパ地下でお菓子を買うなら有名パティシエのケーキとかチョコとか……
和菓子だったら羊羹《ようかん》とか上生菓子ですね
三好も そのへんに危機感を持っているんじゃないですか？
このままだとジリ貧だと
……
やっぱり…

今 三好が販売に力を入れているのは
新シリーズ 海鮮せんべいと野菜せんべいです
野菜せんべい
かぼちゃ
海鮮せんべい
海老
海鮮せんべい
これ 面白いよね
烏賊《いか》せん 海老せん
かぼちゃに にんじん ほうれん草… パクチーまで!
それぞれの素材の味がちゃんとしてますよ
選ぶ楽しさもありますし
鯛せんに
河豚《ふぐ》せん…
でも
パッケージはダサダサ!

野菜せんべいって ヘルシーなイメージ ありますよね
そこは若い女性に 受けると思います
ターゲットは 若い女性 ってことで
切り口は そのへんね
パッケージ デザインを 統一して みましょう
希さん まだいたんですか？
ガチャ
お疲れさまです

高橋さんこそ お疲れさま…
今夜は接待だったんでしょ
ちょっとアイデアが浮かんだの
海鮮と野菜シリーズでイラストを使ったらどうかと思って…
見てもらえます？
ほう
いい感じですね
若い人も 手に取りやすそうです
でしょ？
ガタ
ダメだ！
こんな調子じゃ この先 仕事に 支障が出る
はっきりさせなきゃ

高橋さん あの…
婚活マッチングで お会いしていたときは 大変失礼なことを いたしました
すみませんでした
ははは… いや こちらこそ
でも かえって 傷つくなぁ
たしかに希さんは キレイですから この先 僕より ずっといいお相手が 現れる可能性大ですし
僕みたいな 地味な男では 物足りなかった でしょう
そ…そんな わけでは…
この話はこれで おしまい
これからは 仕事仲間として 言いたいことを 言い合える仲に なりましょう

はいっ
高橋さん
やさしいなぁ
大人だなぁ…
……
コンペ１回戦
前夜
No.6
ダメ
ダメ
ダメ!!
何ですか？
この長ったらしい
プレゼンは！
全部
カット!!
菓匠 三好様
デザインコンセプトと
メインビジュアル
前言
取り消し！
高橋さんて
鬼!!

いいですか じつのところ穂乃香さんを除けばうちのメインデザイナーの実力は伯仲しています
出てくるアイデアも内容のレベルでは決定的な差はないと予想されます
そ…そうなんですか
その中で勝者になるには何が必要でしょう？
私の考えたことをくわしく…
一生懸命に説明すること…？
違います
必要なのは
「頭のいい説明」です
はぁ…？
「頭のいい説明」って…
これから
明日のプレゼンで必ず勝つための
説明の仕方を教えます！

社内コンペ
審査員たち
第１回戦テーマ：メインビジュアル
創業百周年ブランドリニューアル
（株）菓匠三好様
社内コンペ
第１回戦　対戦カード
第３室
チーム木島
対
第６室
チーム佐藤

第3室
チーム木島から
お願いします
ドン
まず
この写真を
見てください
僕のインスタグラム
なんですが
休日に友人たちと
BBQをした
ときのものです
パッ
どう
ですか？
我ながら
シズル感のある
写真が撮れたと
思うんですけど
パッ

これは友人がアップした有名ラーメン店の写真
こっちは妻がつくったミートローフ
ザワザワ
えーと木島さん？
話の要点を言ってもらえますか？
はい
若い人はビジュアルに敏感ってことです
―
それが…？
つまり
時代は写真なんですよ!!

……
……まだ…
よく伝わっていないようですが…
「三好」はこれまでの宣伝でまったく写真を使ってこなかった
俺がやりたいメインビジュアルは写真の多用です！
パッケージデザインも店舗も写真を使います
デザインコンセプトは
「今の感覚を取り入れろ」です
…ああ
そういうこと
パチパチパチ…

次
第6室
チーム佐藤
お願いします
いいですか
提案をするほうは
結果に至るプロセスを
くわしく
話したがりますが
聞くほうは
短い時間で
要点だけを
知りたいんです
だから まず
結論から
話を始める
のです
私が考える
デザインコンセプトは
「若い女性に
売り込め!」
です

今から なぜそう考えたのかを ご説明いたします
そして 要点が複数 あるときは
その数を 先に言う！
まず「三好」について 重要なファクターが 3つあります
1つ 贈答品ブランドとして よく知られていること
これはとても 大きな強みです
2つめ
しかし現状の売上が 頭打ちだということ

3つめ
将来に向けて
新しい需要を
掘り起こさなければ
ならないこと
私は
新しいターゲットは
若い女性だと思います
理由は2つ
客の8割は
中年の女性です
つまり若い女性は
将来のお客さん層です
そして彼女たちは
食べ物に対する
感度が高い
ここに＊F1層の
消費行動に関する
データがあります
彼女たちは
美容や健康への
関心が高く
なるべくよい商品を
選んで購入する
傾向があります

＊F1層……広告用語。20歳から34歳までの女性。流行に敏感で、消費衝動が高い層。

「事実＋主観」が説明の基本
事実に基づいたあなたなりの意見ならちゃんと伝わる
ここまでよろしいですか？
「ここまでよろしいですか？」この一言重要ですよ
核心部分に入る前にひと呼吸置くことで
聞き手に心の準備をしてもらうんです
「三好」のラインナップのうち
野菜シリーズと海鮮シリーズは彼女たちのニーズを満たす商品です
海鮮せんべい

野菜のビタミンやカロチン魚のDHAは
健康と美容によい栄養素の代表です
これらが含まれている点を強調し
この2つのシリーズの商品をリニューアルの主役とします
そして 女性向けにポップでファンシーなイラストを使います
こちらがリニューアルのメインビジュアルです!

ほぉ
説得力があるね
とにかく説明がわかりやすいのがよかったですね
勝者
第6室チーム佐藤!!
こうして私たちは
「頭のいい説明」で無事 1回戦を突破した

解説1

仕事で「結果を出す」話し方とは!?

——冒頭で大事なことを言う

「私たちデザイナーはものをつくる仕事だけれども、人に自分の考えをアピールするのって、難しいことね」

「では、戦略を練りましょう。そこで、大切なのは『頭のいい説明』です。そして、その基本法則の1つが『**大事なことから話す**』」

「それって、ごく当たり前のことなんじゃないですか?」

「そう。『当たり前のこと』なんですが、それができない人が意外に多いのです。せっかく能力があっても、それを周囲にアピールできない」

「そうかもしれません……」

「では、くわしく見ていきましょう」

01 「頭のいい説明」とは「相手が行動する説明」だ！

あなたにとって、ビジネスにおける「説明」の目的とは、いったい何でしょうか？

❶相手にわかりやすく伝えること？
❷正確に伝えること？
❸問題が起こらないようにすること？
❹情報を自分のところだけで止めておかないこと？
❺何らかのお願いを通すこと？
❻相手が行動を起こすこと？

人によって、さまざまな目的が考えられるでしょう。多くの人にアドバイスしてきた経験から私が言えるのは、❶～❹の説明では不十分だということです。

❺と❻のような目的意識を持った説明こそが、仕事ができる人の説明なのです。この**「目的意識の差」**が**「説明の効果の差」**としてハッキリ表われます。

この本では、説明の目的を**「仕事で結果を出すこと」だと定義**します。この定義のもとでは、説明の効果は3段階に分割できます。

第1は**「伝える」**段階。これは「話し手が聞き手に情報を一方的に渡す」状態です。この段階では、「相手に話が伝わった」かどうかはわかりません。あなたが「伝えたいこと」とはまったく別のものを、相手が受け取っている可能性もあります。

第2は**「伝わる」**段階。これは「話し手が伝えた情報を聞き手が理解した」状態です。ただ、この段階では、まだまだ不十分です。なぜでしょうか？

説明の本来の目的――「仕事で結果を出すこと」――は達成できていないからです。相手は「あなたの伝えた情報」をただ理解しているだけで、それに基づいて「行動を起こし

頭のいい説明「基本」

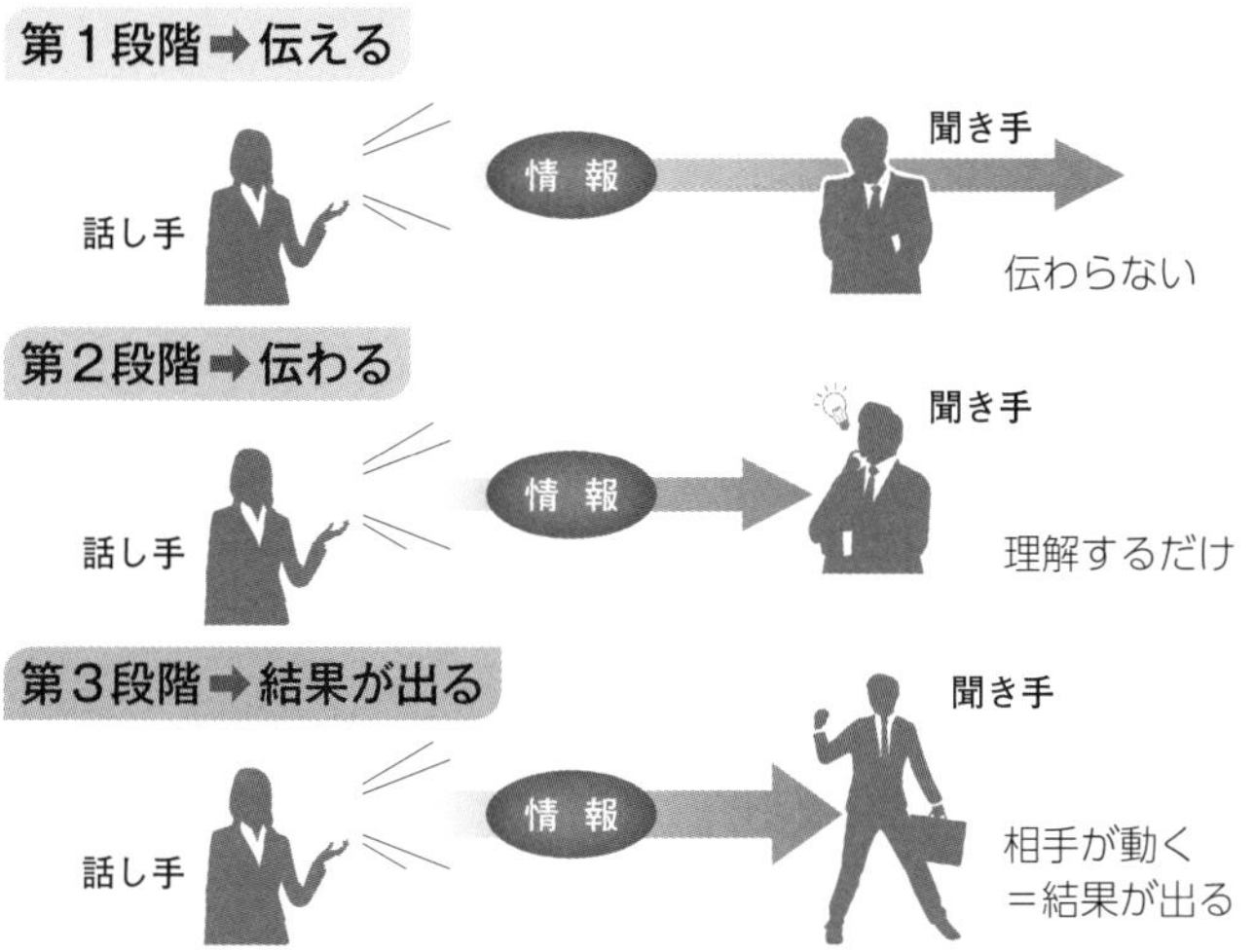
第１段階➡伝える
話し手
情 報
聞き手
伝わらない
第２段階➡伝わる
話し手
情 報
聞き手
理解するだけ
第３段階➡結果が出る
話し手
情 報
聞き手
相手が動く
＝結果が出る

て」いません。つまり、説明の前と後で状況は変化していないのです。ビジネスでは、相手が行動してはじめて「結果が出る」と言えるのです。

第3は**「結果が出る」**段階。

説明をする際、話し手には必ず「仕事を進めたい」「相手に協力してもらいたい」といった何らかの意図があります。それが実現した状態です。

相手の行動を促して成果につなげる。仕事で結果を出すために説明する――。

この本では、この「結果が出る説明」を最終的なゴールとします。

02 「大きな情報⬇小さな情報」の順で説明する

どういった順番で話すか――。仕事ができる人は、説明前にまずそう考えます。話の順番によって「聞き手の頭の中にすんなりと入っていくか否か」が決まるからです。

自分がそのときに思いついた順番ではなく、**聞き手が「聞きやすい」と感じる順番で話すこと**が「ビジネスで使える1分説明」の基本です。

ある県の依頼で地元観光業の方々向けに研修をしたときのことです。

現地に入ってホテルの人に何気なく、

「この時期は、お客さんは多いのですか？　今日は混んでいますか？」

と聞いたところ、こんな答えが返ってきました。

「今日の予約は100部屋くらいですね。8割程度でしょうか」

私は思わず、
「それって、混んでいるのですか?」
と聞き返してしまいました。

このとき、次のような説明をしてもらえれば、すぐに状況を正しく理解できたでしょう。

「比較的混んでいます。当ホテルの平均稼働率は約7割ですが、今日は8割程度です。客室は125部屋で、100組ほどのお客さまが泊まっていらっしゃいます」

つまり、最初に相手が概要をイ

これは友人がアップした有名ラーメン店の写真
こっちは妻がつくったミートローフ
ガクガク
えーと木島さん?
話の要点を言ってもらえますか?

メージできるような**「大きな情報」を提供する**とわかりやすかったのです。

そのうえで、「今日の予約は100部屋」「8割」といった具体的な数字――「小さな情報」――を与えるほうが、聞きやすいだけでなく、はるかに説得力があります。

もちろん、こうした小さな情報もホテルの状況をより具体的に知りたいと思ったときには、絶対に欠かせないと言っていいでしょう。仕事で頻繁にコミュニケーションを取っている相手であれば、この2つの情報はまさに「求めている情報」と言えるかもしれません。

人は説明を受けるとき、意識して聞きたい情報を待っています。

聞きたいことを1つ聞いて理解できたところで、新たな疑問を持ち、その疑問に対する新たな情報を得ようとするのです。ですから仕事ができる人は、**「相手が聞きたいと思っている情報」**をつねに意識しています。

相手が聞きたいことを察知する方法は、**相手が言った「最後の言葉」に返答する**ことです。とくに話し言葉では、最初はぼんやりとした質問が出てくることが多く、本当に聞きたいことは最後になる場合が多いからです。

03 「ここまで、よろしいですか？」——呼吸を合わせるコツ

「話を聞こうという心の準備」ができていないときに、唐突に情報を提供されても、話の内容をなかなか理解できないものです。

ここでは、**相手に「心の準備」をしてもらうコツ**を紹介しましょう。コツさえマスターすれば、

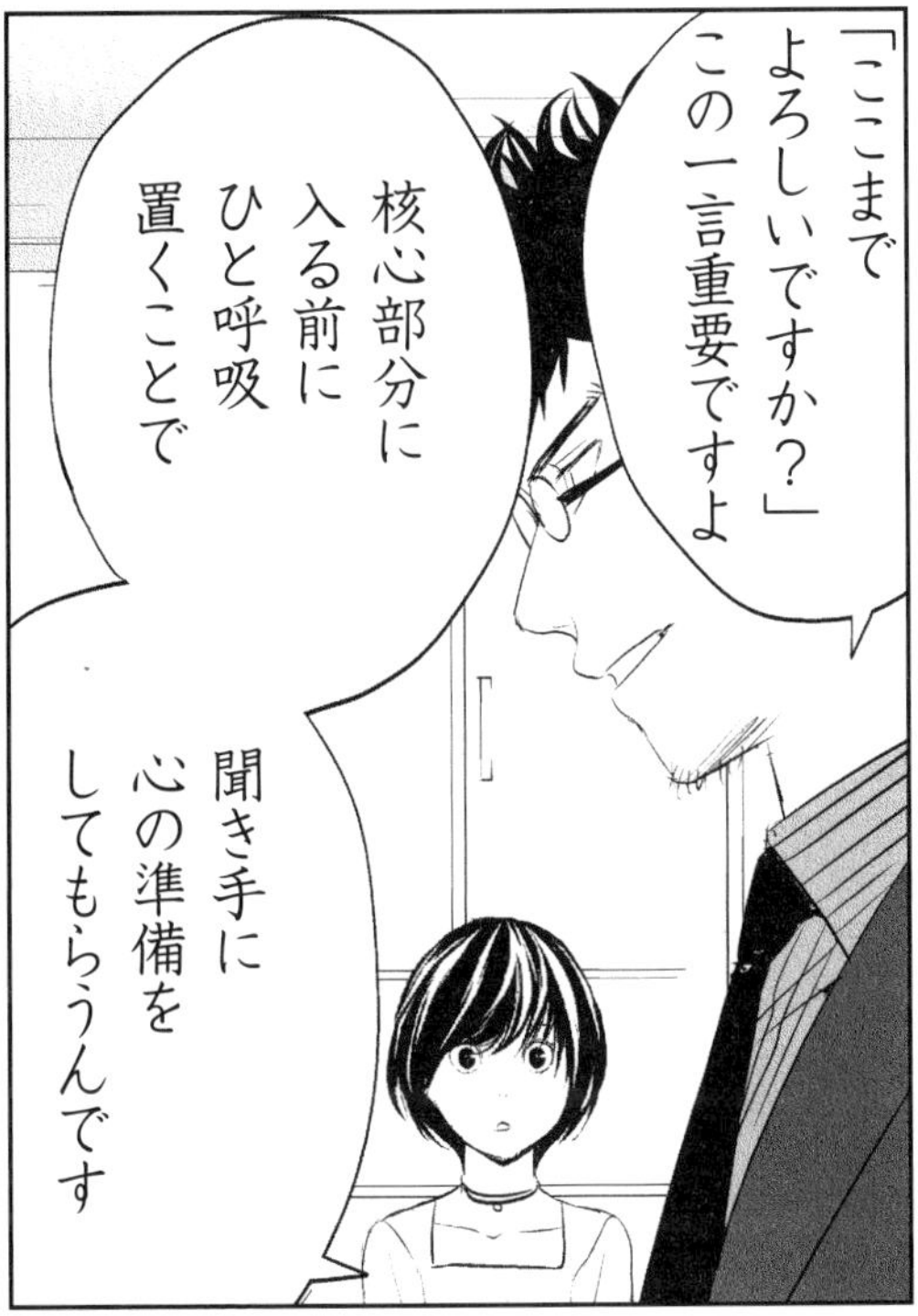

「ここまでよろしいですか？」この一言重要ですよ
核心部分に入る前にひと呼吸置くことで
聞き手に心の準備をしてもらうんです

あなたの話を自然と「聞きたい」と思ってもらうことができるのです。

❶ 話のテーマを伝える

それは**「今からこの話をしますよ」**と話の全体像を伝えることです。

たとえば、「展示会の件でご相談があるのですが、10分ほどお時間をいただけませんか？」といった表現――。

聞き手は**「これからどんな話をされるのか」というポイントを事前に把握していないと、理解しづらい**のです。

つまり、これを忘れて説明を始めてしまう

と、あなたがせっかくいい話をしても、相手からはまったく興味を持ってもらえないということになるのです。

じつは、この「話のテーマを伝える」方法は、それほど難しいものではありません。ビジネスの現場で自然に身につけていて、無意識に実践している人は多いものです。

❷聞き手と歩調を合わす

こちらは、ちょっと難しくなります。無意識で実践することはなかなかできませんので、つねに意識して行なう必要があります。

たとえば、大きな方針転換が必要なことを説明する場合です。

「本社から急な予算削減の方針が出ました。これはわれわれの活動にたいへん大きな影響を与えるものです。あまりに急な話で、受け入れられない気持ちでいっぱいですが、経営状況が予想外に厳しく、対応せざるを得ません。できるだけ混乱のない形で活動の見直しをしたいので、皆さんの協力をお願いしたいと思います」

ここで、スタッフがその先の話を聞く気持ちになっている
ことを確認します。

「ここまで、よろしいですか?」

この一言が、まさに「聞き手と歩調を合わす」方法なのです。
そして、スタッフが「何をどう変更するのだろうか?」と
いう気持ちになるのを感じ取ったところで、「それでは今から、
変更後の計画をお知らせします」と具体的な対応策(話の趣旨)
を話し始めるのです。

さらに、スタッフのこれまでの労力をねぎらいながら、新
しい計画へのモチベーションを高めるような一言があれば、
より行動を起こさせる説明になります。

04 「事実＋意見」が説得力の基本だ！

「頭のいい説明」の基本形を紹介しましょう。

❶まず「客観情報」（出来事）を説明する。
❷その「客観情報」に基づいて、あなたの「主観」（解釈）を説明する。

これだけです。

つまり、**「出来事＋解釈」**の説明で相手の反応は飛躍的によくなります。

あなたが見たり聞いたりした「出来事」を正確に伝えたら、その「出来事の解釈」、つまり、あなたの感想、意見を加えます。

「事実＋主観」が説明の基本
事実に基づいたあなたなりの意見ならちゃんと伝わる

そうすれば、相手は単に出来事の説明を受けただけのとき以上に、あなたがなぜ、その出来事を説明したのか、その理由が明確になるわけです。

同じ出来事でも、解釈は人それぞれです。

説明とは、その事実を通じて、何か別のメッセージを伝えようとしているものです。それを一言でも言語化してつけ加えておく――。

それだけで聞き手も話が楽に聞けるようになります。

だからこそ、「出来事＋解釈」が、メッセージの意図を効果的に伝える基本セットになるのです。事実を伝えたうえで、お願いしたい内容を話せば、**説得力が増し、相手は行動を起こしやすくなる**のです。

05 「結論で始まり、結論で終わる」とわかりやすい！

「結局、何を言いたいのか、よくわからない」

「話にまとまりがない」

このようなことを指摘されるということは、共通の問題点があります。

「話の結論」を相手に伝えられていないのです。ここで具体例を挙げましょう。


「課長、新しい業務フローを導入して混乱が起きています。書類が以前の担当者のところに回っていたり、紛失したりしています。外部からの問い合わせにもうまく対応できておらず、クレームが増えてきました。業務フローを前に戻してほしいと言い出すスタッフもいます。もし、それができないなら、もう一度、一人ひとりに理解の徹底を図らねばならないと思います」

この例文の説明がなぜよくわからないかは、いろいろなことを一度に話そうとするあまり、結局、何を言いたいのかという**結論を「お願い」の形にまで咀嚼《そしゃく》しきっていない**からです。この人の言いたいこと（結論）は、大きく分けて3つあると考えられます。

❶ 新しい業務フローの導入で混乱が起きており、自分ではうまく事態の収拾を図れそうにないので助けてほしい。

❷ 業務フローを元に戻すことはできないか相談したい。

❸一人ひとりに新しい業務フローについて理解を徹底する方法を相談したい。

同じ出来事でも、**結論は「その人、そのとき」によって異なります**。聞き手側は、話し手の結論を中心軸にして、出来事を理解しようと話を聞きます。つまり、結論が理解できなければ、出来事などの情報も頭の中で整理できないのです。

話をする前に、**結論を1つに絞る――**。

これが説明力を格段に向上させるコツなのです。結局、人間というのは、**短い時間で多くのことを一気に理解することができない**からです。

「1つの話に結論は1つ」です。長い説明でも、結論を一つひとつに分解してから、最終的な結論に絞り込めば、聞き手にとてもわかりやすくなります。

そのことを意識するだけで、伝わり方がまるで違ってきます。

06

「大事なことが3つあります」――冒頭で大事なことを言う

まず
「三好」について
重要なファクターが
3つあります

「結論を1つに絞るのはムリだ」と言う人がいます。

「伝えることがたくさんあるから、結論を1つに絞るのは難しい」というわけです。

安心してください。難しくありません。

繰り返しになりますが、説明の目的は、基本的に「お願い」。ですから、話をする前に、相手に何をお願いするかを決めさえすればよいのです。

まずは、話をする相手に**「何をお願いするか」**、あるいは、その**「お願いの理由」が結論になる**わけです。

ただ、例外もあります。

具体的には、お願いしたいことがたくさんある場合です。

このような場合、ちょっとしたコツがあります。

いくつ「お願い」したいことがあるかを先に言うのです。

「お願い」の数がわかっていると、相手も話を聞きやすいものです。結論も自然と頭に入ります。

そのようにして、話の全体像を相手に理解してもらってから、1つずつ具体的なお願いに進むようにします。

そして
要点が複数
あるときは
その数を
先に言う！

理由は2つ
客の8割は
中年の女性です
つまり若い女性は
将来のお客さん層です
そして彼女たちは
食べ物に対する
感度が高い
ここに＊F1層の
消費行動に関する
データがあります
彼女たちは
美容や健康への
関心が高く
なるべくよい商品を
選んで購入する
傾向があります

たとえば、62ページで、3つの結論（お願い）がある話を例に挙げました。

繰り返しますと、その3つとは、次のようなものです。

❶新しい業務フローの導入で混乱が起きており、自分ではうまく事態の収拾を図れそうにないので助けてほしい。

❷業務フローを元に戻すことはできないか相談したい。

❸一人ひとりに新しい業務フローについて理解を徹底する方法を相談したい。

これに、先ほどのコツを使ってみると、どうでしょう？

「新しい業務フローに関して、3つほど聞いていただきたい話があります」

と、冒頭に加えれば、それだけで話が引き締まります。もう「何を言いたいのか、よくわからない」とは言われないはずです。また、

「これからこんな話をします」

「用件は3つあります」

といったテクニックは、56ページで述べた相手に「心の準備」をしてもらうコツということにもつながっているのです。

こうして私たちは
「頭のいい説明」で無事 1回戦を突破した
海老
第3室 チーム木島から お願いします
ドン
まず
この写真を見てください

2章

頭がいい人は例外なく「説明が短い！」

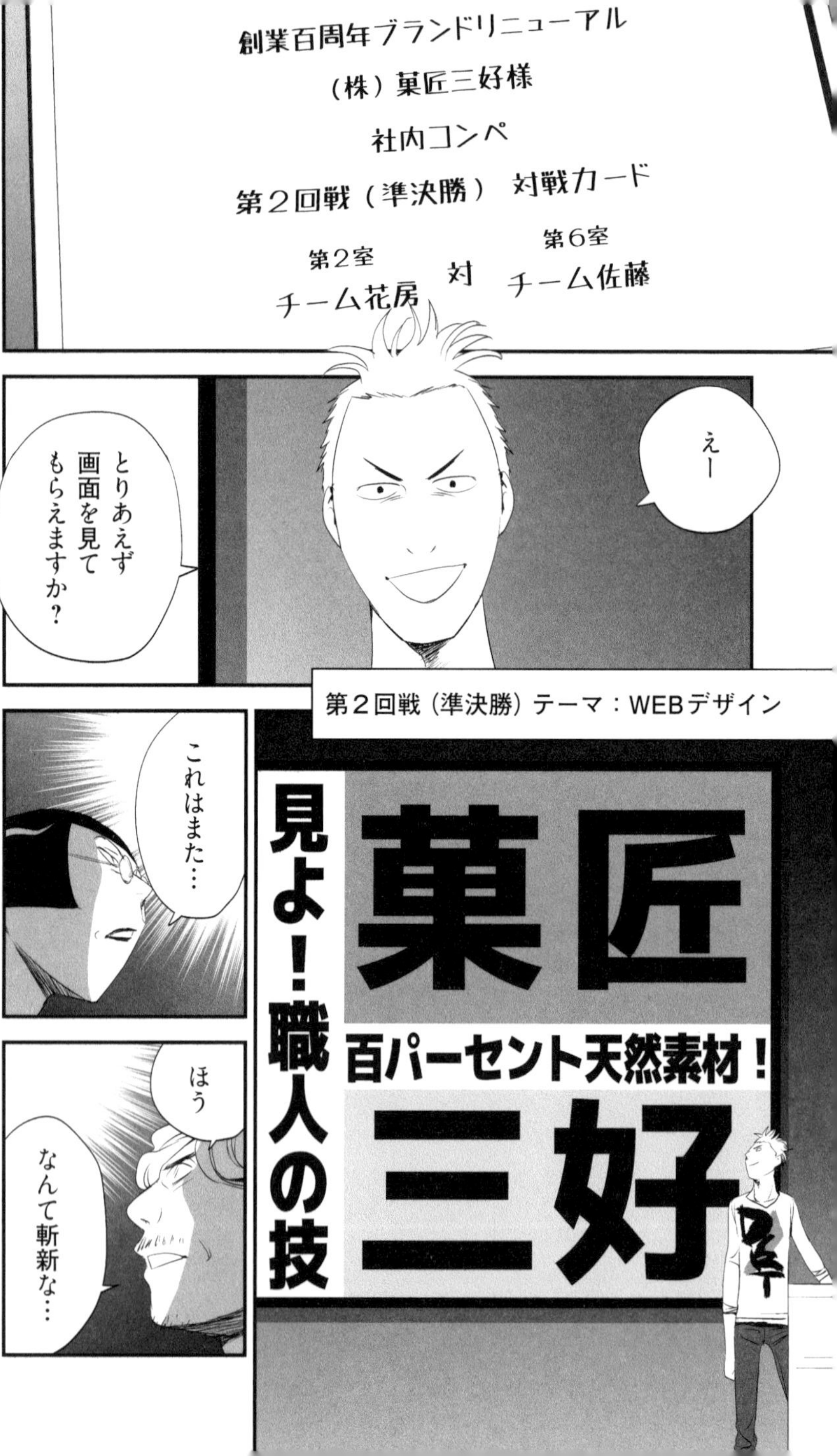
創業百周年ブランドリニューアル
（株）菓匠三好様
社内コンペ
第２回戦（準決勝） 対戦カード
第２室 チーム花房 対 第６室 チーム佐藤
えー
とりあえず画面を見てもらえますか？
第２回戦（準決勝）テーマ：WEBデザイン
菓匠
百パーセント天然素材！
三好
見よ！職人の技
これはまた…
ほう
なんて斬新な…

すごい インパクト！
これは 負けたかも…
イヤイヤ
たぶん彼 自滅します
え？
彼…花房君は いつも発想は 面白いんです けどね
自分に酔っちゃう タイプなのか… やたらと話が 長いんです
「頭のいい説明」 の練習の 一環として
彼の話を 重要な情報と 背景情報に 分けて みましょうか
いやー まず スタッフ全員で 生産現地へ 行ったんです
「三好」は 栃木の山奥の農家と 契約してるんスけど…
これは 話の導入部として 必要な情報ですね
これが遠いの なんのって
道に迷って3時間も ウロウロして…
素材！

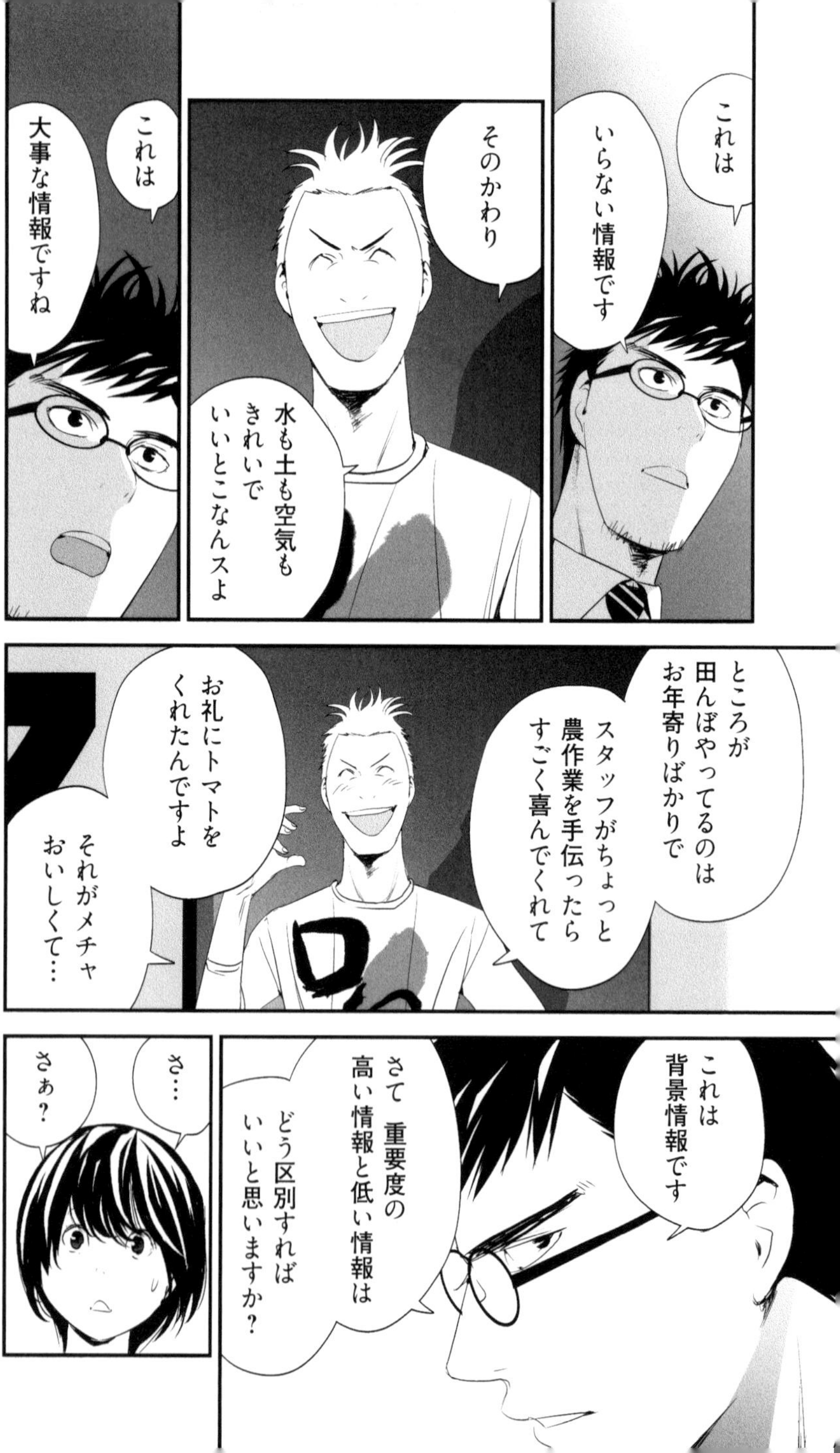
これは
いらない情報です
そのかわり
水も土も空気も きれいで いいとこなんスよ
これは
大事な情報ですね
ところが 田んぼやってるのは お年寄りばかりで
スタッフがちょっと 農作業を手伝ったら すごく喜んでくれて
お礼にトマトを くれたんですよ
それがメチャ おいしくて…
これは 背景情報です
さて 重要度の 高い情報と低い情報は
どう区別すれば いいと思いますか？
さ…
さぁ？

重要度が高い情報とは
相手が聞きたいと思っている情報です
相手が 何を聞きたいと思っているか つねに考える
そして 相手が聞きたいと思っている順番で話せばいいのです
で…
一番に伝えるべきは素材のよさだと気づいたんです
花房君 ちょっと待って
その話と この斬新なHPは どうつながるの？
そりゃ ターゲットが男性だからですよ
ええっ⁉ いきなり話が飛んだ！
ほらね
わけわかんなく なってきたでしょ？

最近はスイーツ男子なんてのもいるけど
甘いもん苦手な男も多いと思うんですよ
花房君…？
そういう男もスナック菓子は好きだったりするんですよ
せんべいってスナックの一種でしょ
つながりを説明してください
で男って新聞読まなくてもスポーツ新聞は読む人っているじゃないですか
だから素材のよさを伝えるにはHPもスポーツ新聞風にすれば読んでくれるかなって…
……
やっと話がつながった……？
次
第6室チーム佐藤お願いします

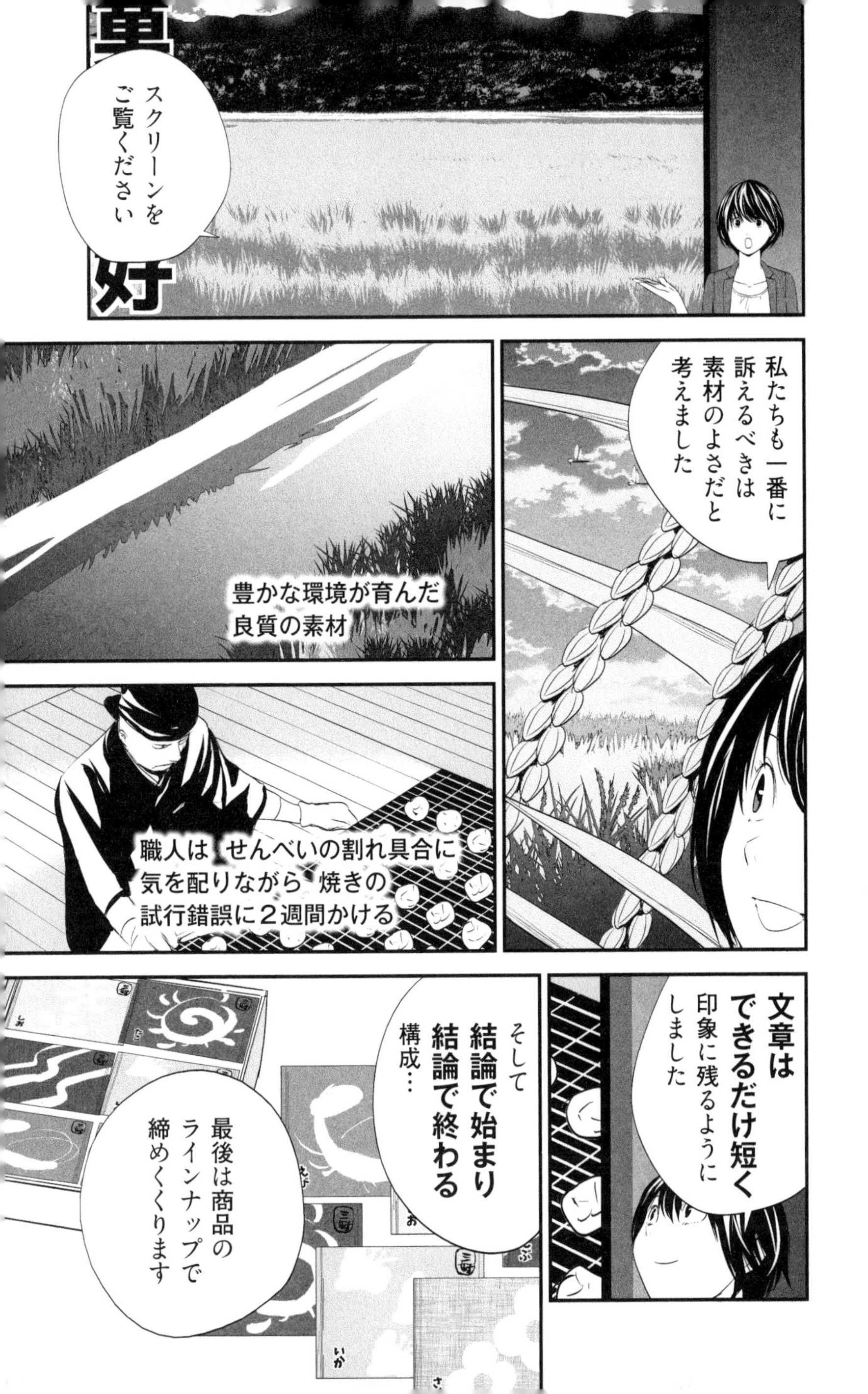
スクリーンをご覧ください
私たちも一番に訴えるべきは素材のよさだと考えました
豊かな環境が育んだ良質の素材
職人は せんべいの割れ具合に気を配りながら 焼きの試行錯誤に2週間かける
文章はできるだけ短く印象に残るようにしました
そして結論で始まり結論で終わる構成…
最後は商品のラインナップで締めくくります

ふむ
普通だが…見ていて気持ちのいいHPですね
言いたいことはよくわかりますよ
写真のよさもよく出ています
勝者
第6室チーム佐藤!!
次はついに決勝ですよ!
相手のチームは?
第8室チーム三橋
社長と穂乃香さんの兄妹が相手です

穂乃香
久しぶり!!
あなたと闘う日が来るなんて考えたこともなかったよ!!
でも 私もデザイナーとして少しは成長したと思うの!!
決勝戦
楽しみにしてるね!

社長！
穂乃香どうしたんですか？
……スランプなんだ

えっ……？
どうも…私と意見が合わなくてね
私はデザインを変更する必要があると思うんだが穂乃香が聞きいれない
そのためチームの作業が止まってしまって…最終コンペに　作品が間に合いそうにない
このままだと君たちの不戦勝かもしれないね
そんな…
あの穂乃香がスランプなんてあり得ない
どうしちゃったの⁉
穂乃香‼

解説 2

「1分間で信頼される人」の話し方

——短い文章を繰り返す！

「花房さんのデザイン、斬新でかなわないと思ったんだけど、プレゼンも斬新すぎましたね」

「ハハハ……。『信頼される人』の説明というのは、おおまかに2つの共通項があるんですよ」

「具体的には？」

「まず1つは『**説明の目的**』がハッキリしていること」

「つまり、前聞いた『大事なことから話す』ですよね」

「そう。そして2つ目は、説明で『**相手への気遣い**』ができているということ。長く話さないということも、この2つの要素を含んでいますよね」

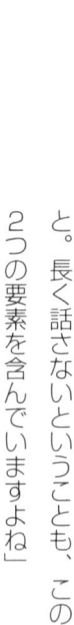

01 「長い説明を短くする」と中味がグンと濃くなる！

情報の量を増やせば増やすほど、わかりやすくなる——。

「説明がへたな人」に限って、そんなふうに考えてしまうようです。

ビジネスシーンでは、**情報の量を増やせば増やすほど、混乱を招くことが多い**もの。

説明を聞けば聞くほど、何を言いたいのかがわからなくなり、次第に話の趣旨とは違ったところに興味が向かい、ついには勝手な妄想を始めてしまったりするのです。

そこで有効なのが「メディア・トレーニング」——新聞やテレビなど、マスメディアの取材を受けることが多い企業の経営者や広報担当者が受講する研修のことです。

このトレーニングでは、メッセージの伝達効率——**「伝えたいメッセージを確実に伝える」**技術——を高めるための、さまざまなコツを学びます。

簡単に言えば、「わかりやすい表現」「相手に誤解を与えない表現」の、基本から応用ま

でを細かく学ぶのです。

このメディア・トレーニングで繰り返し強調されることがあります。

「長く話さない」ということです。

つまり、余計なことは話さない。話はできるだけ短くする——。

なぜならば、話は短いほうが、聞き手にはよくわかるからです。一つひとつの言葉の意味を咀嚼しやすくなるからです。

この章では、話を簡潔にまとめ、しかも「よく伝わる」伝え方について、具体的な方法を紹介していくことにしましょう。

02 「背景情報＝いらない情報」の見分け方

話が長い人はなぜ、「説明がへた」なのか――。

明快です。

話が長くなると、「必要な情報」と「不必要な情報」がゴチャゴチャになるからです。だから、何を言いたいのか相手に伝わらないのです。

ここにこそ「頭のいい説明」の鉄則があります。

説明というのは、「不必要な情報」をカットするだけで格段にスッキリし、「頭のいい説明」になるのです。

これは背景情報です
さて　重要度の高い情報と低い情報は
どう区別すればいいと思いますか？

では、「不必要な情報」とは何でしょうか？
それは、聞き手にとって「重要度の低い情報」のことです。
聞き手にとって聞きやすい「話の流れ」を考えた際、後回しにされる情報を言います。
これを「背景情報」と言います。

背景情報は後回し、できればカットする。

それだけで話はわかりやすくなります。
ムダに話が長い人が、あなたの身近にもいないでしょうか？
そのような報告・説明は、聞いていて、とても疲れま

彼…花房君はいつも発想は面白いんですけどね
自分に酔っちゃうタイプなのか…やたらと話が長いんです
「頭のいい説明」の練習の一環として
彼の話を**重要な情報**と**背景情報**に分けてみましょうか

す。「必要な情報」と「不必要な情報」がゴチャゴチャになっているので何とも言えない「間のび」感があるのです。

そこで、**重要度の「高い情報」と「低い情報」を整理すると**、ガラリと変わります。

重要度の「高い情報」とは、まさに**聞き手が「聞きたい」と思っている情報**のことです。

では、重要度の「高い情報」と「低い情報」を区別するには、どうすればいいのでしょうか？

簡単です。

「そのときに自分が思いついた順番」ではなく、**「相手が聞きたいと思う順番」で話せばいい**のです。

具体例で見ていくことにしましょう。

たとえば、ＩＴ企業のマーケティング系部署で、業界動向をチェックするために展示会に参加した人がいるとします。翌日、その展示会の様子を簡単に上司に報告することになりました。

こんな場面で、「話が長い人」は、次のように話します。

「昨日、幕張メッセで開かれたITフェアに参加してきましたので、そのときの様子を報告します。ITフェアは今年で15回目の開催で、全体のテーマは『さらにつながる世界』でした。これが会場入り口の写真です（と、パワーポイントで貼りつけた写真を見せる）。3日間開催されていて、私は2日目に行って

で…
一番に伝えるべきは素材のよさだと気づいたんです
花房君ちょっと待って
その話とこの斬新なHPはどうつながるの？
そりゃターゲットが男性だからですよ

きました。

展示会全体は、モバイル、ネットワーク、ビジネスソリューションの3つに分かれていて、モバイルのセクションに人が一番多かったように思います。場内の様子は、こんな感じです（と、また写真を見せる）。

私が目新しさを感じたのは、XX社の新製品で、これなんですが（製品の写真を見せる）、業界最小・最軽量で、初公開ということもあり、大勢の人がこのブースには集まっていました。実際に手に持った感じは『見た目より重いな』と。でも、『表面の加工とか質感はいいなあ』と思いましたね。

あ、そういえば、今年はYY社のブースが大きくて、逆にZZ社のブースが小さかったです。YY社の知り合いが会場にいたので聞いてみたら……」

さあ、あなたは、重要度の「高い情報」と「低い情報」を整理できますか？

03 他社の動向・顧客の関心……「相手が聞きたい情報」から話す

聞き手が「何を聞きたいと思っているか」を考える——。

それが情報の重要度を区別するはじめの第一歩です。

そのようにして、重要度の「高い情報」と「低い情報」を分けたら、思いきって、重要度の低い背景情報をカットします。

さらに**「話の流れ」を整理し、重要度の高い部分を少し「補足」**します。

それだけで、前項の説明は見違えるほどよくなります。

「昨日、幕張メッセで開かれたITフェアに参加してきましたので、そのときの様子を報告します。ITフェアの今年のテーマは『さらにつながる世界』。展示でも、今まで『つながる』ことのなかった機器同士がネットワーク接続されて新しい使い方を提案するもの

重要度が高い情報とは
相手が聞きたいと
思っている情報です
相手が 何を
聞きたいと思っているか
つねに考える
そして 相手が聞きたいと
思っている順番で
話せばいいのです

が実際に増えていると感じました。これは業界のひとつのトレンドかもしれません。ＹＹ社などがそのよい例で、今年はブースが大きくなっていました。逆に、『つながる』製品の少ないＺＺ社のブースは小さくなっていました。

展示会全体では新製品発表が多かったモバイルのセクションに人が一番多く（写真を見せる）、とりわけ大勢の人が集まっていたのはＸ社の新製品のコーナーです（製品の写真を見せる）。業界最小・最軽量で、実際に手に持つと見た目より重い印象でしたが、表面の加工や質感の完成度は高くてわれわれの強力なライバルになりそうです」（傍線部を補足）

説得力がグンと増したはずです。

部下からこのように報告してもらえると、かなり簡潔にまとめられている印象を受けるものです。聞いていてストレスを感じることもなく、聞き終わったときに一つひとつ質問しなくても基本的な情報は得られているので、やり取りも短くてすみます。

そのためにはまず、「聞き手にとって重要度が高い・低い」という観点から情報を分ける。そのうえで、重要度の低い背景情報をカットすることです。

04 「短い文章＋短い文章」が一番聞きやすい！

文章は
できるだけ短く
印象に残るように
しました

「サウンド・バイト」という説明テクニックがあります。

ここでは、そのテクニックを紹介しましょう。

以前、『プロジェクトX』というテレビの人気番組がありました。

その人気の一因は、特徴的なナレーションにあったと思います。

『プロジェクトX』のナレーショ

ンは、見事なまでに**短文の連続**で構成されていたのです。

「そのとき、彼は大声をあげた。そこにあるはずの書類が消えていたのだ。さらにそのとき彼のケータイが鳴った。電話の相手は社長だった……」といった具合です。

テレビ番組は、ニュース番組をはじめとして、こういった短い文章の組み合わせで構成されることがよくあります。何より**聞き手にわかりやすい、記憶にも残りやすい**ためです。これを「サウンド・バイト」と言います。

頭のいい説明「短文」

営業部定例会議の議事録作成担当である、鈴木さんが急病でお休みのため、今日提出期限の、先週の水曜日に行われた営業部定例会議の議事録を、誰かが代わりに作成しなければなりません。

✖ 一文が長い
✖ わかりにくい
✖ 記憶に残らない

鈴木さんが急病でお休みです。

鈴木さんは、営業部定例会議の議事録作成担当ですが、先週の水曜日に行われた会議の議事録はまだ作成されていません。

その議事録は今日が提出期限のため、誰かが代わりに作成する必要があります。

○ 一文が短い
○ わかりやすい
○ 記憶に残る

今でも語られる「感動した！」に代表される小泉純一郎元首相のワンフレーズの数々も、この短い言葉を繰り返し使う「サウンド・バイト」を活用したものでした。

普通であれば、「優勝おめでとう。つらいけがの中、横綱のがんばる姿にとても感動しました」と言うのが無難なところ。

しかし観客は、横綱が「優勝した」ことも、「けががつらい」ことも、「がんばった」こともすべて知っていました。そういう状態を踏まえ、「感動した！」という短い言葉を使ったことで今なお人々の記憶に残っているのです。

「サウンド・バイト」は、短い言葉でありながらも、**その人のメッセージや雰囲気、イメージなどを端的に伝えることができる**表現方法なのです。

では、短い言葉がなぜ、「伝える」ことに優れているのでしょうか？

それは、**文章を短くしようとすればするほど、話し手は「厳密に言葉を選ぶ」**ようになるからです。伝えたいことを正しく伝えるために、最も適した言葉を使おうと努力するからです。その結果、聞き手にわかりやすい言葉が自然に選ばれるわけです。

そして
結論で始まり
結論で終わる
構成…
最後は商品の
ラインナップで
締めくくります

また、長い文章は、聞いているほうも話しているほうも、何を話しているか途中でわからなくなりがちです。文章はできるだけ短文にするほうが、今、何の話をされているのかをお互いに理解しやすいと言えます。

話の一つひとつを短い文章で構成する——。

そのためには、何よりも**「伝わりやすい話の構成」を身につける**ことです。それが本書全体の目的でもあるのですが、伝わりやすい話の構成は、ムダのない、つまり、それ自体が簡潔な表現で形成されています。

ここではまず、**「もっと短い文で、簡潔に表現できないか」という視点**を持っていただければと思います。

05 エレベーター・ピッチ――「1分間で上手に説明する」法

「エレベーター・ピッチ」という言葉をご存じでしょうか？

この言葉は「忙しいキーパーソンを相手にする場合、エレベーターに乗っている間、時間にして**わずか数十秒程度で自分の提案を伝える**」といった意味で使われています。

このとき、「説明する人間＝話し手」と「説明を聞く人間＝聞き手」の間には、とても大きなギャップがあることに注意しなければなりません。

というのも、説明する人間は、無意識のうちに、**しっかりと相手に内容を理解してもらうこと**を優先するため、「より多くの言葉で、より時間をかけて、より丁寧に伝えよう」とします。もちろん、これ自体は何も悪いことではありません。

一方、**説明を聞く人間は、簡潔にまとまった話を聞きたい**と思っています。つまり、「より少ない言葉で、より時間をかけずに、より丁寧に聞こう」と思うものなのです。

「結果を出す説明」というのは、この**「話し手」と「聞き手」のギャップを理解して話をまとめる**ことにほかなりません。

ここでは、忙しくてなかなか時間を割いてもらうことができないような相手に対する方法を紹介します。それが**「1分立ち話」**と**「ポイントメール」**です。

あらかじめ用件を1分程度に要約してまとめ、その場で簡潔に伝えきるようにします。これが「1分立ち話」です。

話し手の説明がすむと、聞き手から返答・確認があるはずです。

頭のいい説明「気遣い」

❶ 1分立ち話

用件を1分程度にまとめ、
その場で簡潔に伝えきる。

❷ ポイントメール

自分や相手が考える時間が
必要なところを宿題にして、
ポイントを整理し、メール
でやり取りをする。

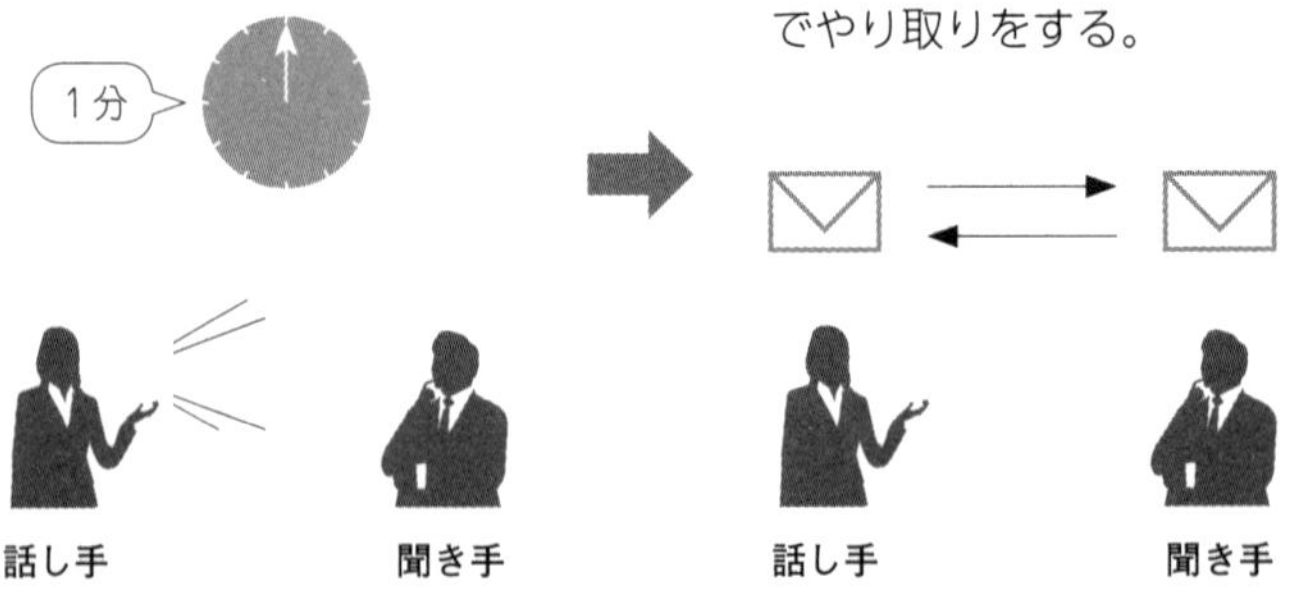

「わかった」などの一言ですむようならば問題ありませんが、話し手に対して情報の収集など何らかの「宿題」が出ることがあります。

また、「少し考えるために時間がほしい」と聞き手が答えることもあるでしょう。

そこで「ポイントメール」の登場です。話し手は、

「ご指摘していただいた件も含め、**ポイントを整理してメールを送りますので、後で返事をください**」

などと言って、**自分や相手が考える時間が必要なところを宿題にする――**。

これだけのことでいいのです。

相手にしてみれば、その場で判断しなくていいというだけで気持ちが楽になります。そうすることで、相手はさまざまな状況を加味して結論を出すことができます。

「1分立ち話」でのポイントは、**「その場で話をまとめない」**ということです。

その場で話をまとめようとすれば、あれこれ余計に思いをめぐらせ、その分、時間もかかります。こうした時間をカットすること。それだけでビジネスの効率はアップします。

菓匠
百パーセント天然素材！
三好
見よ！職人の技
勝者
第6室チーム佐藤!!

3章

できる人は「箇条書き」で説明する！

最終コンペ
前夜
コン
コン
ガチャ
穂乃香いる？
あけるよ

――
いったい
どうしたの？
希
私もうダメ
アイデアが
出てこない
作品
見せてもらっても
いい？
店舗デザインなの
菓匠
三好

すごい綺麗
これ
メインビジュアルが
稲穂なのね
すごくシンプルだけど
力強い
とても
いいじゃない
本当?
社長は
コレのどこが
悪いって言うの?
シンプルすぎて
寂しいって
インパクトが
足りないって…
ああもう
わかってないな
センスなさすぎ
教えて
穂乃香
このデザイン
コンセプトは
何?

…私ね
今回のコンペのために「三好」の商品を全部食べてみたの
それでね
ブランドのリニューアルって何だろうと思ったの
そしたらね
創業当時からつくってる一番シンプルな「手焼きせんべい」が一番おいしかった
新しい価値を加えることじゃない気がしたの
だってこんなにおいしいおせんべいがあるのにみんな気づかない
三好ブランドの本質はこのおせんべいなの
だからデザインコンセプトは原点回帰
皆が目新しいことを探して右往左往していたときに
彼女だけが真逆のことを考えていた…

やっぱり穂乃香はすごい
穂乃香！あきらめちゃ駄目！
私に考えがあるの
協力してくれる？
うん
希の言うとおりにする
創業百周年ブランドリニューアル
（株）菓匠三好様
社内コンペ
決勝戦　対戦カード
第６室 チーム佐藤 対 第８室 チーム三橋
菓匠 三好
決勝戦テーマ：店舗デザインと
パッケージデザイン
では
第６室チーム佐藤からお願いします

ご覧のように
若い女性を意識した
店舗になっています
私たちの
メインビジュアル
カラフルな野菜と
魚のイラストを
壁紙に大胆にプリントし
全面に展開
しています
これはもう
従来の「三好」とは
まったく別の
店舗ですね
パッケージには
栄養素の表記も入れ
健康志向をうたいます
箱セット販売だけでなく
小袋を個別に売ることで
若い人にも
手に取ってもらいやすい
商品構成になっています
リニューアルと言う以上
これくらい思いきっても
いいかもしれませんよ
〈お肌をきれいにする
トマトのリコピン入り〉
なるほど
パチパチ
パチパチ
パチパチ

次
第8室
チーム三橋
どうですか?
出られますか?
残念ながら
第8室
チーム三橋は
作業が間に合わず
棄権します
よって…
待ってください
第8室
チーム三橋
出ます
!?
佐藤さん
何言ってるの
あなたのチームでは
ないでしょ?
第8室
チーム三橋の
プレゼンも
私がやります!

ザワ・・・
えぇー!?
行くよ
穂乃香
う…
うん!!
希さん!?
何をするん
ですか？
なんですか　これは！
前代未聞ですよ
面白い！
やらせて
みましょう
希さん…
高橋さん
ごめんなさい
あなたが教えてくれた
「箇条書きで説明する」で
穂乃香のプレゼンを
救ってみます

相手に自分の考えを明確に伝えるにはキーワードが有効です
話の内容を一言で表すキーワードを見つけそのキーワードを中心に話を展開します
私が見つけたキーワードは
「本質」
このキーワードでここにいる全員を納得させてみせる!!
ダン
ダン
そもそも
ブランドのリニューアルとは何なのでしょうか？
私たちは「三好」の新しい価値をつくり出すことだと思い込みさまざまな提案をしてきました
でもブランドの本質はそこにあるのでしょうか？

第8室チーム三橋が見つけた三好ブランドの本質は
箇条書きで話さなきゃ…
❶シンプルな「手焼きせんべい」にありました
❷素材となる米にこだわり職人の高い技術で焼き上げる
そしてお客様に喜んでいただく
真摯な物づくりの姿勢です
❸ブランドリニューアルとは長い年月の間にすっかり手垢がついてくすんでしまった本質に
もう一度磨きをかけて輝かせることではないでしょうか？
そう考えてデザインした店舗がこちらです
菓匠 三好

テーマカラーは白
メインビジュアルに黄金の稲穂をデザインしてあしらいました
これはいいですね…
シンプルで美しい…
良い点と悪い点を分けて
good
bad
箇条書きでまとめます
良い点だけを強調してもプロジェクトが進行していく過程で必ず不満が出てくるものです
最初に問題点も提示してその解決策も用意しておくこと
まず結論があってその判断材料となる良い点と悪い点を箇条書きで並べる
そして最後にもう一度結論が来る
この構成なら完璧です
この白い店舗のよさは
❶原点回帰
❷濁りのない誠実な物づくりの心
❸まっさらな未来を象徴しているところです

しかし
せんべい屋の内装が
白一色というのは
異色だね
はい
不安点ですが
❶白で統一すると
寂しい印象を
与えるかも
しれません
また
❷スタイリッシュな店舗
だと敷居が高く
立ち入りにくい雰囲気に
なりかねません
そこでパッケージは
抽象的な模様ではなく
イラストを
使います
ほう
これは面白い
これなら男性にも
受けが
よさそうですね

こうして
ショーケースに並べると
とても華やかになります
包装紙も地色が白で
統一されているので
イラストが
引き立つのです
なるほど
白い店舗は
必然ということか
グワ
パチ パチ パチ
以上でプレゼンを
終了します
グワ
パチ パチ パチ パチ
これは
もう…
決まりですな

優勝は第8室チーム三橋!!
ブランドの本質を見つめるコンセプトが素晴らしかった
王道のデザインの勝利です!!
やったー!!
ワァァァ
パチパチパチパチ
!!
あ…

あ…
あの…
ひどい 希さん
一緒にがんばってきたのに…
……
ごめんなさい
―
とはいえ 穂乃香さんの作品は素晴らしかった
悔しいけど完敗だね

みんな…
ごめんね…
ひとつ質問
いい？
パッケージにイラストを使う発想は佐藤さんかしら？
HPデザインはチーム佐藤のほうがよかったんじゃ？
うん
あのHPは素材のよさを全面に出していてこの店舗デザインともマッチするね
わ…
私もそう思います
それに希がいなかったら私ひとりでプレゼンをまとめられませんでした
だからその…
ああもう
わかりました
第6室チーム佐藤と第8室チーム三橋
合同で競合コンペに進出!!

解説3

「ここがポイント！」を抽出する

——要点を要約し、タイトルをつけて視覚化！

「ちょっと掟やぶりかもしれないけど、私と穂乃香のコンビは最強よ!! イメージを言葉にするのは難しいけど、言葉を視覚化すると、相手は理解度を増して、より興味を持ってくれるわ。効果抜群よね」

「ええ。その1つの方法が箇条書きですね」

「箇条書きで話すと、自分の考えを簡潔に伝えられることがわかりました」

「聞く相手にとっては簡単に理解できるから、記憶に残ってよく伝わりますよね。話のポイントを抽出して、視覚化する方法はほかにもあるので、見ていきましょうか」

「はい！」

01 「相手にメモしてほしいこと」を話す――わかりやすさのコツ

いきなり結論を言いましょう。

「相手にメモしてほしいこと」を伝える――。

この視点を持っているかどうかが、仕事で「結果を出す説明」をするうえで大きなポイントです。

なぜならば、説明というものは、多くの場合、**目の前の相手だけが対象ではない**からです。あなたの説明を聞いた相手が、さらに第三者に説明をすることも考えなければなりません。

目の前にいる人だけを口説けばいいわけではないのです。

・最初の一歩として、聞き手本人に実行してもらう。
・その人に社内会議を通してもらう。
・あるいは、上司に説明してもらってOKをもらう。

それが「結果を出す説明」なのです。

この章ではズバリ、「相手にメモしてほしいこと」の伝え方を紹介します。そのノウハウは、大きく分けて2つあります。

❶「自分のメモ」を相手に使わせる方法。
❷「自分の言葉」を相手にメモさせる方法。

要は、**内容を「箇条書き」にする**ことです。

02 説明に「タイトルをつけてみる」――引き寄せのコツ

説明をする前に、次のようなことを考えてみましょう。

❶説明の中で**「一言だけ覚えてもらう」**とすれば、どんなキーワードか？
❷説明に**「一言でタイトルをつける」**とすれば、どんなキーワードか？

この2つを考えるだけで、あなたの説明はたちどころにわかりやすくなるはずです。

なぜなら、この作業によって、**説明に「一本、筋が通る」**ことになるからです。

実際、**説明がうまい人は、話の内容を一言で言い表す**ような話し方をしているものです。

スピーチが苦手だという人に「いつもどんなことを考えながら、どんなことを伝えようとスピーチをしていますか？」と聞くと、特徴的な答えが返ってきます。

「自分が話しているテーマについて、いろんなことを考えて（感じて）もらいたかったんです」というものです。

つまり、「伝えたいこと」があまりにも漠然としているのです。**「何を伝えるか」が聞き手任せになっている**と言ってもいいでしょう。

聞き手が、もっとハッキリとシッカリと、テーマを明確に意識できるように伝えなければなりません。

たとえば、私はよくこんな実験

をします。

受講生の1人に、ほかの受講生の前で「3分間スピーチ」をしてもらうのです。

テーマは何でもかまいません。そして、スピーチが終わった後、話し手と聞き手に対してそれぞれ、「今のスピーチを一言で表すとすれば？」と聞きます。ここで答えが一致することは、ほとんどありません。

次に、話し手に先の2つを意識してもらいます。

❶自分のスピーチの中で「一言だけ覚えてもらう」とすれば、どんなキーワードか？

❷自分のスピーチに「一言でタイトルをつける」とすれ

私たちは「三好」の新しい価値をつくり出すことだと思い込みさまざまな提案をしてきました
でもブランドの本質はそこにあるのでしょうか？

優勝は第8室チーム三橋!!
ブランドの本質を見つめるコンセプトが素晴らしかった
王道のデザインの勝利です!!

ば、どんなキーワードか?

そうすると、話し手と聞き手の正答率（答えが一致する率）が上がります。さらに、スピーチの冒頭と最後に❶と❷を話せば、正答率はかなり上がります。

このように**「一言でまとめる」テクニックは非常に効果的**なのです。

「話の内容をまとめると、どんなキーワードになるか」――このことをつねに意識すると、説明がグンとわかりやすくなります。

03 主語「私は」を増やすと、説明が力強くなる！

主語を「私」にして話すと、説明がわかりやすくなります。

次ページに紹介する、「中途採用の面接」を担当したD氏と人事部長との会話で考えてみましょう。

D氏は仮定形で話すことが多いようです。仮定形で話す人は、それだけたくさんの状況を想定できるということですが、これでは何ともハッキリしません。そこで、

❶主語を**「私は」**にする。

❷仮定形の部分を条件づけし、**自分なりの解決策を提示する。**

この2つを意識するだけで、D氏の説明が断然、力強くなるのです。

頭のいい説明「主語」

部長「応募者のEさんは、どうでしたか？」
D氏「ちょっと頑固そうな人ですね。ウチのやり方に**早く慣れてくれるならいいんですが**……。チームメンバーも**好き嫌いが分かれるかもしれません。Fさんなんかとは合わないんじゃないですかね**」
部長「で、面接の結論としては？」
D氏「**採用を急ぐなら**、候補として残す方向ですね」
部長「……」

主語を「私は」にする（下線部分）

自分なりの解決策を提示する（太字部分）

部長「応募者のEさんは、どうでしたか？」
D氏「ちょっと頑固そうな人ですね。ウチのやり方に**早く慣れてもらう必要があります**。(私としては) それが可能かどうかを確認したいですね。チームメンバーの**好き嫌いも懸念されます。たとえばFさんと組ませるようなことは避けたほうがいい**ですね」
部長「で、面接の結論としては？」
D氏「**採用は急ぎたい**ですが、(私としては) 結論を出すためにまだ確認したいこともあります。(私としては) 候補として残して、次の方に見極めをお願いしたいですね」

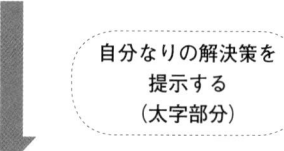

04 「良い・悪いを分けて話す」と、聞きやすい＋わかりやすい！

「良い点・悪い点を分けてまとめる」というのも、説明をわかりやすくするためのポイントです。

これも前項の「中途採用の面接」の例で見ていきましょう。

部長「今回の応募者のEさんについて、もう少し細かな印象を教えてください」

D氏「質問に対する答えがちょっと長いのが△。業界経験があり、基本的な知識がすでにあるところは○。ただし、まだしっかりした実績を上げていないとこ

まず結論があって
その判断材料となる
良い点と悪い点を
箇条書きで並べる
そして最後に
もう一度結論が来る
この構成なら完璧です
この白い店舗のよさは
❶原点回帰
❷濁りのない誠実な
物づくりの心
❸まっさらな未来を
象徴しているところ
です

ろは△。今勤めている会社を辞める理由と志望動機はスッキリ理解できましたので○。あと、気になったのは先ほど申し上げたように性格がちょっと頑固そうなところです」

文字で読むと抵抗がないかもしれませんが、これでは何を言っているかよくわかりません。「良い点・悪い点」がゴチャゴチャになっているためです。

次ページのように、「良い点・悪い点を分けてまとめる」だけでもスッキリします。

さらに、**前後に「結論」を置いて「良い点・悪い点」をサンドイッチする**と、メモが取れるような「話の流れ」ができ上がります。

「何を話すか」よりも**「どう話すか」によって説得力は増す**のです。

頭のいい説明「サンドイッチ」

まず「結論」

採用は急ぎたいですが、まだ確認したいこともあります。候補として次の面接に進んでもらい、次の方に見極めをお願いしたいです。

「良い点・悪い点」を箇条書きにする

Good
・コミュニケーション力と経験はOK。
・前職を辞める理由と、当社の志望動機も明確。
・業界経験があり、基本的な知識もすでにある。

Bad
・質問に対する答えがちょっと長い。
・十分な実績をまだ上げていない。
・性格がちょっと頑固そう。

ウチのやり方を取り入れてもらう必要がありますから、次のステップでは、そこが可能かどうかを確認したいですね。チームメンバーの好き嫌いも懸念されます。Fさんと組ませるようなことは避けたほうがいいですね。

結論としては、次の面接に進んでもらい、そこで今申し上げたようなポイントを確認していくのはどうかと思います。

最後にもう一度「結論」

そこでパッケージは抽象的な模様ではなく
イラストを使います
やったー!!
菓匠
三
好

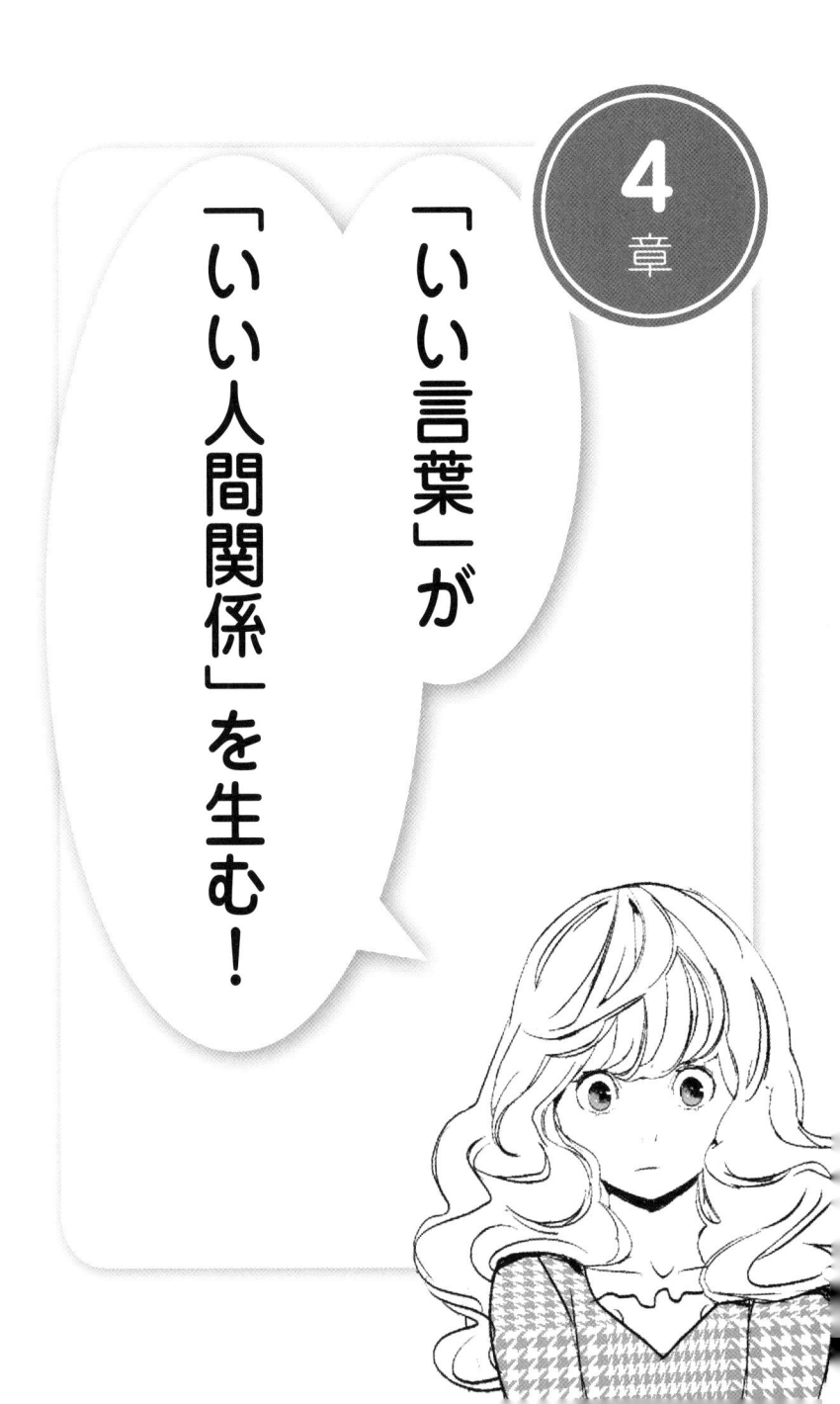

4章

「いい言葉」が「いい人間関係」を生む！

第6室チーム佐藤と第8室チーム三橋の合同チームは競合コンペに向けて着々と準備を進めている
はずだったが…
No.8
穂乃香さん
店舗で使う壁紙仕上がってきましたよ
第8室　チーム三橋
アシスタントデザイナー
今江貴美子《いまえきみこ》
…これ違う
えっ
違うの？
もっとマットな質感のやつ…
えーっ⁉
私 発注するとき確かめましたよね⁉

ー
でも違う
……今から発注し直しですか
コンペ間に合うかなー
貴美ちゃん まだ時間はあるから大丈夫
もう1回紙屋さんに頼んできて
穂乃香さんモゴモゴしゃべるからわからないんだよね
それにこっちの手順を考えてくれないからムダが多くて困る
第8室　チーム三橋
営業
豊田麻里《とよだまり》

ねー
やりにくい
何考えてるのか
わかんないし…
私がスタッフと
穂乃香の間に入って
連絡係をするよ
ねっ!?

駄目
それは駄目
希は希で
やること山ほどある
私…自分で
なんとかする!!
おや？
ガシッ

高橋さん!!
お願いがあります!!
!?
こうして穂乃香のコミュ障改善レッスンが始まった
No.6
まず話し方を変えましょう
言葉は明瞭に
とくに語尾はハッキリ発声すること
そして相手の目を見て話すこと
……
無理です
えっ…?

私…
子どもの頃から引っ込み思案で他人が怖くて…
だから口ごもっちゃうし相手の目を見るなんてとてもできない
……
でも希さんとは普通に話してるよね？
彼女とは気心が知れているし
信頼し合っているから…
会社のスタッフともそうなりたくない？
そうなりたい！
でもどうすれば…
人から信頼されたいのならまず相手の行動をよく見ることです

……
はぁ
アシスタントの石井さんは今日何をしていますか?
店舗模型創作に必要な素材屋さんを回ってくれてます
さっきでかける前にステンレスを扱う素材屋さんにも行ってもらうよう頼みました
ちょっと
イヤな顔されてしまいましたが…
そうでしょうね
え…?
彼女が今日素材屋回りをすると決まったのはいつ?
あ…
先週の金曜日です
あなたがステンレス素材を思いついたのは?
月曜日です

だったらそのときにすぐに頼むべきでした
今日は水曜日だ
その間に彼女は回る仕入先の場所を調べ交通手段を確かめ
どういう順番で回ればムダがないかスケジュールを組んだはずです
あなたの頼み事はそのスケジュールを台なしにしてしまったんです
……
あっ…
相手の行動を見ていればちゃんと気配りができたはずです
あなたはその仕入先を知っていますか？
はい
じゃあ住所と電話だけじゃなく
地図も用意して駅から店までの道順まで教えてあげればよかったわけですよ

……
他人と信頼関係をつくりたかったら
相手の立場や気持ちを思いやる気配りが大切なんだよ
翌日
紙屋さんからまだサンプルが届かなくて…
石井さん!!
紙屋さんなら私が帰宅時に寄ってきます
石井さんはこれから打ち合わせでしょう?
石井さん 直接取りにいってよ
えー
でも…
原口
第８室 チーム三橋
アシスタント
い…
え…
あ…

ありがとうございます
助かります!!
相手と親しくなりたければ
自分から話題を提供するんです
わ わ…
話題?
そそ…そんな恥ずかしいことしたら…
し…死んじゃう!!
何でもいいです
ちょっとしたプライベートな情報をさりげなく伝える
つまり「自己開示」ですね
話の糸口
話の糸口
話の糸口

荻野さん
その缶バッジ…
えっ!?
アニメ『魔法少女マジカルプンスカ』の敵キャラ
極楽院針金の変身後のビジュアルですね
超レア物じゃないですか！
ガガ
穂乃香さん何でそんなこと知ってるの？
ひょっとしてアニオタ!?

えー!?
『妖精戦隊フェアリーフラッシュ』の第26話見てないんですか？
だってテレビ放送されなかったでしょ
OVAに入ってるらしいけど
穂乃香さん それは甘いな
あの話を見ずして語ってほしくない
この頃 荻野と穂乃香さん よくつるんでるよね
何か意味不明の会話してるけど…
どうなのアレ？
つるんでいるというより激論してない？
うむ
トップクリエイターと営業が意見を戦わせるなんて
これはすごい進歩よ!!

―
たしかに…
自己開示ですね
生まれてはじめて異性の友達ができました！
そりゃよかった
その調子でほかのスタッフとも接点を持つように
はいっ!!

何あれ…
高橋さんは
うちのチームの
頼れるメンター役なのに
ちょっと
親しすぎじゃない？
あれ？
やだ私…
どうしちゃったんだろ
嫉妬？

解説 4

人を魅了する「魔法の言葉」

――信頼される人が話す「いい言葉」

「穂乃香のヤツ、やっと他人と人間関係を築けるようになったみたいだけど、それはそれで、少し寂しいなぁ～……」

「人を信頼し、人に信頼されて、はじめて『仕事』が成立します。彼女の今の努力を温かく見守ってください」

「でも高橋さんって、私とチームを組むようになってからも、意外と『自己開示』してくれませんよね」

「いえ……それは……僕みたいな地味な男の、何が知りたいんですか？」

「……まったく。いつまで経ってもニブいんだから(怒)！」

「？」

01 わずか1分間で「信頼される」コツ

あなたは「上司が今日一日、どんな予定で動いているか」ご存じでしょうか？

それだけで、**上司とあなたとの「信頼関係」**がわかってしまいます。

「信頼される人」は、朝、出社したら、その日の自分の予定はもちろん、上司の予定を無意識に確認します。そして「その日、上司と話ができる時間帯はいつか」「報告や相談をしなければならないことがどれだけあるか」などを考えるのです。

他人と信頼関係をつくりたかったら
相手の立場や気持ちを思いやる気配りが大切なんだよ

人から
信頼されたいのなら
まず相手の行動を
よく見ることです

上司のスケジュールがわかっていれば、「**今日はこの瞬間しかないと思いまして、**お忙しいところすいませんが、2~3分だけでもお時間いただけませんか?」といった**「気配り」**の言葉が自然と口から出てきます。

上司は、その一言で、部下が**自分の状況をどれだけ深く理解してくれているかを痛感**するわけです。良好な「信頼関係」はこんなところから始まるのです。

また、「信頼される人」は、部外の人に「部長は今日、いないの?」などと唐突に聞かれても、即座に「今日は朝から外出ですが、夕方には戻ってくる予定です」という具合に答えることができます。

同じ部署で直接一緒に働いていなくても、このやり取りだけで、その人が上司に信頼される人であることがハッキリ伝わります。

「信頼される人」と「されない人」は、このように1分間もあれば、決定的な差がついてしまいます。人から信頼されたいのなら、**まず、相手の行動を見る**ことです。

そうして信頼関係を築くことで、あなたの言葉は「言葉どおりに」、さらに「言葉以上に」相手に受け止めてもらえるのです。

02 「私がやっておきます」という魔法の言葉

上司が設定したアポイントに自分も同行するというケースがあります。

その用件や相手について「事前に聞く」ということは多くの人がやっていると思いますが、「信頼される人」は、そこでもう一言、次のような言葉をつけ加えています。

「では、私が電車の時間を調べておきましょうか？」

この「気配り」が自然にできる人と、できない人では、「信頼関係」を構築、発展させるうえで大きな差がつきます。

さて、ここで簡単なクイズをしてみましょう。

あなたは、仕事ではじめて会う人のところに行く前、どんな準備をしていますか？

❶資料を準備する。
❷なじみの薄い会社の人なら、相手の会社のホームページを見る。
❸会社の場所を地図で確認する。
❹電車の乗り換えや移動時間を確認する。

「信頼される人」は、さらに事前準備をしています。**インターネットで相手の名前を検索する**のです。

最近は実名でブログやSNSで発信している人も増えて

紙屋さんなら私が帰宅時に寄ってきます
石井さんはこれから打ち合わせでしょう？

います。発信している内容を読めば、相手が何に興味を持ち、どんな仕事・活動をし、何に対してどう考えるのかがよくわかるものです。

会う前にその「人となり」がわかっていれば、話もしやすいですし、相手も**「自分に会うためにそこまで準備してきた人なんだ」**という気持ちになるものです。

また、本人のアカウントが出てこなくても、誰か別の人のサイトで当人のことが紹介されていることもあります。論文や著書、受賞記録、または趣味の活動などの情報が出てくることもあり、いずれにしても会う前にかなりの情報が得られることが少なくありません。

これは、ネット上で自分の情報を発信していない人には理解しにくい感覚かもしれません。しかし、そこが盲点です。

相手がネット上での情報発信に熱心な人だったとすると、**「この人は何も情報収集をせずに来たんだな」**と感じてしまうことがあるからです。相手がはじめて会う人だからこそ余計に**「準備の差」は、ハッキリと相手に伝わる**もの。そしてネットに不慣れな上司であれば、こうした「気配り」をすることで信頼されるようになるのです。

03 「自己PR用エピソード」の頭のいい使い方

社会心理学者ザイアンスは、**人は何度も会うほど「親近感」を得やすくなる**ことを「写真を見せる実験」によって証明しました。

特定の人物の写真を「繰り返し見せた」場合と、同じ人物の写真を「一度しか見せなかった」場合で「好感度」を比べたところ、「繰り返し見せた」場合のほうが、好感度が上がることがわかったのです。

たしかに、接点が多ければ多いほど「親近感」を持つことは事実ですよね。ただ、この接点を多く

相手と親しくなりたければ
自分から話題を提供するんです

何でもいいです
ちょっとした
プライベートな情報を
さりげなく伝える
つまり
「自己開示」
ですね

することが、なかなか難しいのです。

継続的な接点をつくるうえで、ぜひ覚えておきたいポイントがあります。

自分から話題を提供する——つまり、**「自己開示」**です。

自分の身の上話などプライベートな情報をさりげなく伝えるのです。

たとえば、はじめての取引で打ち合わせをするような場合、同じ会社の人の名刺を何枚ももらうことがあります。そんなとき、「記憶に残る人」と「残らない人」がいます。

なぜでしょうか？

もちろん、役割・役職の重要度の差や外

見による記憶というのはあるでしょう。しかし、多くの場合、どんな会話をしたか、エピソードとセットで記憶に残るものです。

つまり、自分のことをまず知ってもらわないといけない場合は、仕事の話の合間に、さりげなく自分の話をしたり、ちょっと身の上話を入れてみる。それが、**エピソードとして相手の記憶に刷り込まれる**のです。

私が以前、とある家電機器を担当し、アニメのコンテンツメーカーに向けて、協業（共同して事業を行なうこと）の提案をしていたときのことです。

私の同僚は、自分の彼女がアニメオタクで、アニメのＤＶＤやグッズに多くのお金をかけ、どれだけ新しいコンテンツを楽しみにしているか、ことあるごとに話していました。

この同僚の「自己開示」は、一見するとムダな情報のようですが、次のようなことを暗示しているわけです。

❶自分は、仕事ではハードウエアを担当しているけれども、コンテンツビジネスについても、ある程度は理解している。

❷だから、あなたたちが心配しているポイントもよくわかっていますから、ビジネスパートナーとして信頼してほしい。

実際、アニメのコンテンツメーカーの人たちは、頻繁に「彼女がアニメオタクだって言ってた人」という言い方で彼のことを話題にしていました。

「自己開示」が、**相手に「親近感」を持たせ、協力的な気持ちにさせる**のです。

荻野さん
その缶バッジ…
えっ!?
アニメ『魔法少女マジカルプンスカ』の敵キャラ
極楽院針金の変身後のビジュアルですね

04 説明上手な人は、例外なく「語尾」がハッキリしている！

「何を伝えるか」に加えて、「どう伝えるか」も、**信頼されるために重要なファクター**になります。

伝え方によっては、話の内容をきちんと受け止めてもらえなかったりするばかりか、相手に意外なストレスを与えることもあるからです。

まずは**「言葉の明瞭さ」**についてです。聞き手にとって、不明瞭で聞き取りづらい話を聞かされることは、耐え難いストレスです。

講演会で、「話が難しい」とか「面白くない」とかクレームを言う人はそう多くはありませんが、「音声が聞き取れない」場合、不快感をあらわにしてクレームを言われることがよくあります。

音声が聞き取れない場合の多くは、マイクの問題ではなく、「講師の発声」の問題であり、しかもやっかいなのは、それを講師本人が気づいていないということです。

話すときは、ぜひ意識して**口をハッキリ開けて明瞭に話す**ことを心がけていただきたいのです。それだけで聞き手のストレスが減り、結果的に説明のレベルが格段に向上します。

こう書くと当たり前のことのようですが、この当たり前のことをできない人が意外に多いのです。

実際のところ、「プレゼンテーション研修」を実施すると、10人のうち1人か2人は言葉が不明瞭で、聞き取りづらい話し方をします。ところが、**本人はまったく自覚していない**場合がほとんどです。ビデオを見せながら指摘しても、あまりピンとこないようですが、ほかの参加者が「たしかに」という顔をするのを見て、納得します。

このようなことはけっして人ごとではありません。

とくに注意したいのが、**「固有名詞」**と**「数字」**です。

たとえば、領収証をもらうとき、宛名に社名を書いてもらおうとして、きちんと聞き取ってもらえず、毎回面倒に思うという経験はありませんか?

また、**日本語は「語尾」で意味が真逆になります**。

語尾が不明瞭なだけで、「～したことがあります」が「～したことがありません」と聞こえてしまうようなことが起こります。これでは、聞き手にとっても、話し手にとっても、致命的な結果となりかねません。

往々にして、言葉が不明瞭な人は語尾が聞こえづらいのです。

だからこそ語尾――、つまり、**最後の「締め」の部分をハッキリと言いきる**ことが大切です。

そして、締めの部分が大切という点は、相手に示す態度も同様です。

説明の最後は、**相手の目をしっかりと見て終わる**ようにしてみてください。

まず
話し方を
変えましょう
言葉は明瞭に
とくに語尾は
ハッキリ発声すること
そして相手の目を
見て話すこと

05 「でも」「けど」……結果が出る人ほど「逆接」が少ない！

逆接――つまり、**「でも」**や**「けど」**などの接続語を多用する人で、説明が上手な人はいません。

次の2つの話し方を比べてみてください。

❶「企画をまとめているところです。でも、資料を集めるのに時間がかかります」

❷「企画をまとめているところです。そのための資料を集めるのに時間がかかります」

この2つは、まったく同じ内容を話しています。唯一の違いは、「でも」と「そのための」だけです。それなのに、❶のほうが**ネガティブな印象**を与えてしまいます。

逆接の接続語を使う必要がないのにもかかわらず、つい使ってしまう人は、それがクセ

頭のいい説明「逆接」

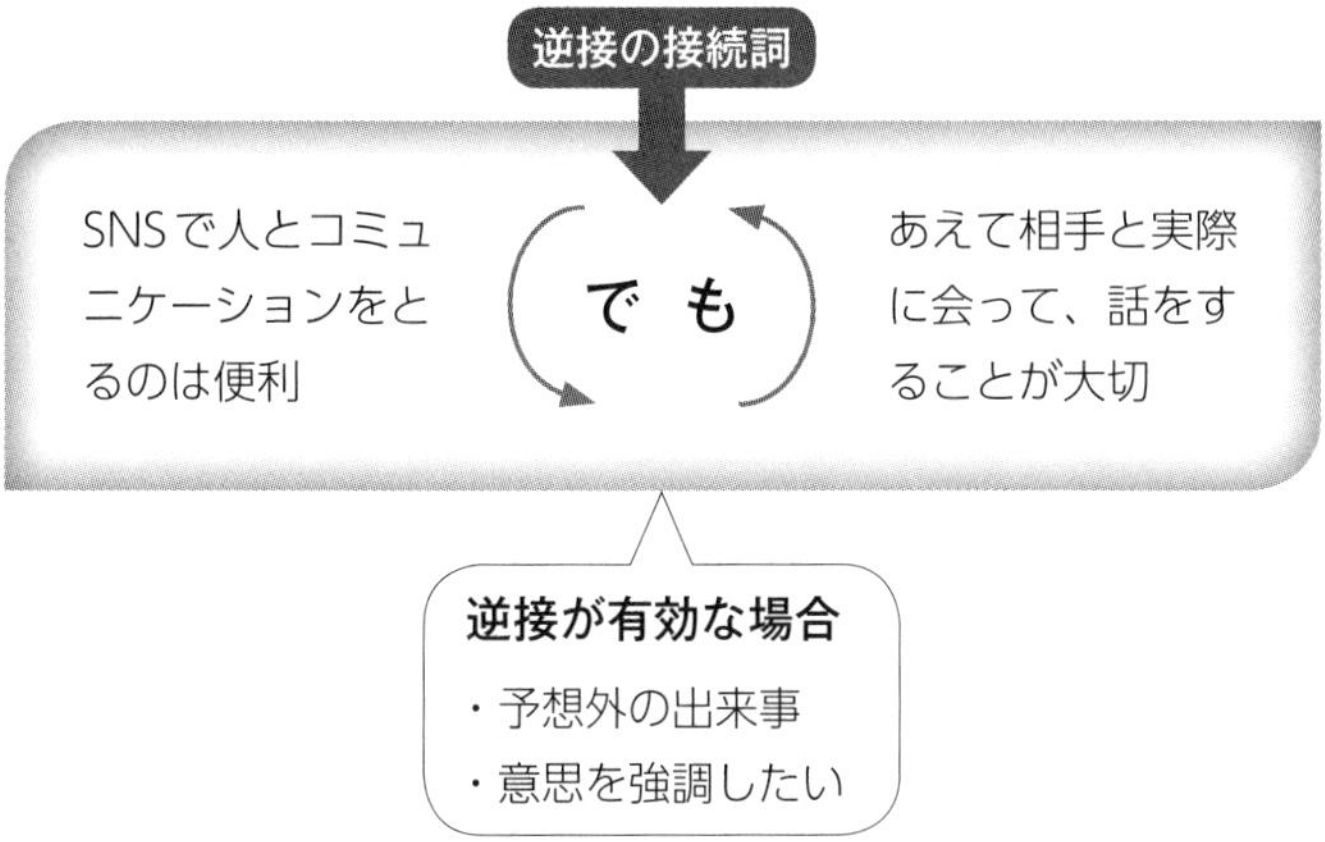
逆接の接続詞
SNSで人とコミュニケーションをとるのは便利
でも
あえて相手と実際に会って、話をすることが大切
逆接が有効な場合
・予想外の出来事
・意思を強調したい

になっているわけです。**言い方のクセは、すなわち、考え方のクセです。**頭の中で、つねに「でも」や「けど」など逆接の意味を持つ言葉を唱えていると、考え方までネガティブになるので注意したほうがいいでしょう。

ネガティブな感情や謙遜、言い訳の気持ちを捨てれば、ほとんどの事柄は順接の接続語でつなぐことができるはずです。

逆接の接続語は、必然性があるときだけ、最低限にしておくのがポイントです。「でも」は、上図のように、**予想外の出来事を説明する**ときや、**あえて意思を強く伝える**ときなどに使うのが「頭のいい説明」と言えます。

あれ？
やだ私…
どうしちゃったんだろ
嫉妬？
ガシッ
荻野さん
その缶バッジ…
えっ⁉
アニメ『魔法少女マジカルプンスカ』の敵キャラ
極楽院針金の変身後のビジュアルですね

5章

信頼される人は「本気の伝え方」がうまい！

日本橋
三好本社ビル
私たちの作品は勝ち続け ついに最終選考に至る
審査は「三好」の会長 社長役員5人の投票で行われる
私たちはよりブラッシュアップしたプレゼンを展開
大いに共感を得た
そして競合コンペ本選が始まった
いやー素晴らしいね
白一色とは
新鮮ですねぇ
最終選考に残ったもう1つは——

敵は大手広告代理店
どんなデザインを用意したのか——
——では
始めさせていただきます
——!!
大通
トータルディレクター
佐藤《さとう》 司《つかさ》
我々は三好様の長い伝統を重視し
従来の顧客のイメージを損なわないデザインを考えました

すげーイケメンのディレクターだな
うん でも何か希さんに雰囲気似てない？ ていうか そっくり！
名前も佐藤って偶然？
…いえ
兄です
大通も参加すると聞いて ひょっとしてと思ってましたが
まさか実の兄と闘うことになるとは…
ええーーっ!!
希のお兄さん…
我々の店舗デザインです
茶色を基調に障子や格子を使い和の空間を演出しました

―
ベタに和風だな
ちょっと
ゴテゴテしてない？
俺たちのデザインの
ほうがよくね？
……!!
これは
勝ったかも!!
パッケージは
素材をシンボル化した
抽象性の高いデザインに
なっています
カラ
カラ
カラ
もう一点ぜひ
お見せしたい
物があります

将来スーパーやコンビニで販売されることを想定して
商品棚をつくってみました
せんべい
おむすびせんべい
!!
おおー!?
他商品と差別化するために茶筒のような密封できる容器をパッケージに使いました
こうして競合他社製品と並べると
大変インパクトがあります
素晴らしい!!
わざわざスーパーの棚を再現してくれたのか!!

いやーいい物を見せてもらったよ
ありがとうございます
スーパーでの陳列なんて聞いてないぞ
そして――
ちょっ
ちょっと!!
選考の結果がでました
大通様4票
サードブリッジ様
3票
この結果
大通
今回の案件は
大通様に
お願いすることに
決まりました!!

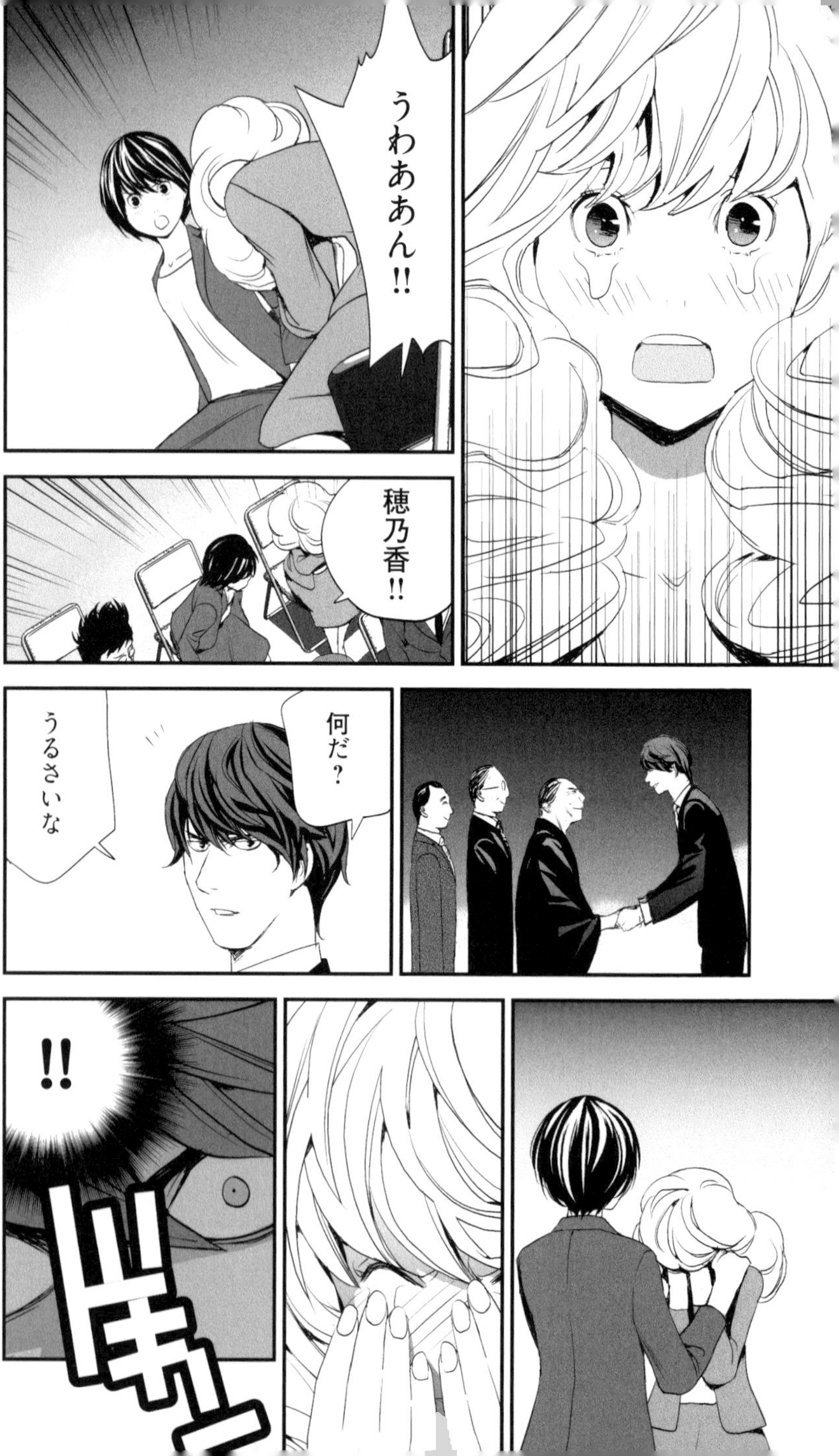
うわあぁん!!
穂乃香!!
何だ?
うるさいな
!!
ドキッ

かっ…
かわいい!!
なんだこのマルチーズのような女性は!!
このモフモフ感!!
兄貴…
よくも穂乃香を泣かせたね
覚えてろ!!
待て
希!!
モフモフ!!
No.6

すみませんでした
まさか「三好」の会長がスーパーへの進出を考えていたとは…
私たちの情報収集力不足です
いや仕方ないよ
「三好」の役員も知らなかったそうだ
会長の頭の中だけの話だったんだろう
それにしてもあのディレクター
どうやってその情報をつかんだのやら
あの什器もお金かかってたよね
資本力がうちとは違うよ
あーっ納得いかない
なんかモヤモヤするね
穂乃香さんは？
自宅で休んでる
ショックだったのね…
くやしいくやしい
私の力不足のせいでみんなを…

でも
希のお兄さん素敵だったな
大通
希のパートナーだった三橋穂乃香…
彼女のデザインだったのか
菓匠
今までは小さな仕事ばかりだったからその才能も目立たずにすんでたが
これからは違うな
俺だったらどっちの店で買い物をしたい？
うちのデザイナーには限界があるが彼女には限界などまったく感じない…

ガチャ
すまん
三好の会長にアポを取ってくれ
三好本社
やあ大通さん
もう来てくれたとは…
お時間を取っていただきありがとうございます
さっそくだが秋にMデパートの名古屋店が改装工事に入る
ついては新しい店舗デザインで店をつくり変え…
会長
誠に申し訳ありませんが
今回のお話辞退させてください
どういうことだね!?

会長 率直なところを お聞かせください
弊社の案と サードブリッジの案 どちらが優れていると 思われましたか？
…正直言って わしにデザインの 善し悪しはわからん
じつは あの選考では サードブリッジが 5対1で 勝っておったよ
票がひっくり返ったのは 最後にわしが 大通に 入れたからだ
では
この案件 お考え直し いただけますか？
なぜかね!?
わしは君に 投票したんだ
わざわざスーパーの 商品棚をつくって 見せてくれた君を 信用して任せることに したんだ
率直に言わせて いただきますと スーパーへの進出は 「三好」にとって マイナスになります
全国の小売店に 商品を卸すとなると
製造も流通も 桁違いです

大手メーカーと提携して製造ラインも流通経路も任せるか
自社生産にこだわるなら中堅の流通会社との渡りをつけるか
どちらも「三好」の体力を大きく削ぐ結果になるでしょう
弊社のデザインは小手先の目新しさを加えただけ
5年もすれば古びて客に飽きられる可能性があります
しかしサードブリッジのデザイン案には新しい顧客を開拓する力があります
あの白い店舗には未来があります
……
呆れたヤツだな
──まあいい
サードブリッジのプレゼンよりずっと心に響いたぞ
ありがとうございます

勝ったぞ妹よ！
ふん！
――わかった白い店舗でいこう
あとの始末はあんたに任せる
サードブリッジ
――はぁ
大通がうちに下請け発注するんですか？
そうです
広告代理店経由のお仕事ということです
本当にデザイン案はうちのでいいんですね？
そう制作管理は大通が行う
つまり私がね
――ではまず
デザイナーにお会いしたいのですが

No.6
兄貴!!
穂乃香に近寄らないで!!
穂乃香は兄貴の趣味ど真ん中だったからわざと近づけないようにしてたのにっ!!
何が打ち合わせよっ
このモフモフ好きが!!
希さん
よしましょう
というか似てますよね お兄さんと希さん
そらそうよ

子ども時代はお互いのアイデンティティーをかけた壮絶バトルの日々！
好みも性格も似すぎだしさ！
くやしいー!!
また兄貴に大切なものを盗られたー!!
おふたりは本当に仲がいいですね
ちょっと妬けますよ
え…？
え…？

解説 5

「説明能力」がそのまま「仕事能力」になる

――まず話す相手を好きになれ!

「佐藤さんのお兄さん、ビシバシと自分の本気が伝わるプレゼンでしたね」

「な〜に、自分が欲しいものを得るためなら、手段を選ばずのいけ好かない兄貴ですよ」

「いやいや、佐藤さんそっくりで!」

「ああ、ムカつく! いつもそう言われて、昔からお互いのアイデンティティーをかけたバトルをしてきたの! まさか、また私の大切なものを盗られるなんて〜」

「でも、彼の説明を聞いたら、『協力したくなる』ような話し方をしていましたよね。それでは、検証してみましょうか」

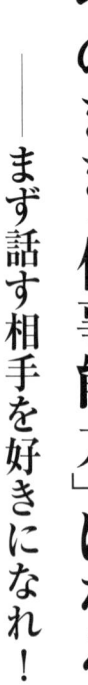

01 説明を聞いた相手が「協力したくなる」仕組み

説明が終わった段階で、**相手が「協力したくなる」状況をいかにつくるか――。**

ここでは、そんな差のつく「最後の一押し」をご紹介します。

「協力したくなる」というのは、あくまで**自発的な欲求**です。

では、相手が「自分から協力したくなる」のは、いったいどんなときでしょうか？

❶あなたを「応援」するとき

一生懸命やっている人、何かに向かってひたむきに行動している人に対しては、自然と「応援したい」という気持ちになります。「フォローしてあげたい」「守りたい」という気持ちを持つことがあるかもしれません。また、「育てたい」という気持ちを持つこともあると思います。

❷あなたに「お返し」をするとき

自分を大切にしてくれる人には、お返しに「自分も相手の力になりたい」と思うのが普通の感情です。または、**相手に以前何らかの便宜を図ってもらった**ことに対する「ギブアンドテイク」もあるでしょう。

❸あなたを「利用」するとき

相手に協力すると、後々メリットがありそうだと思うときがそうです。つまり、本来の話の内容とは別に**何か下心があって協力したい**と思う場合です。

本章では、それぞれについて、順番に掘り下げていくことにします。

素晴らしぃ!!
わざわざスーパーの棚を再現してくれたのか!!

いやーいい物を見せてもらったよ
ありがとうございます

02 できる人ほど「自分の本気」を伝えようとする！

相手が「自分から協力したくなる」ときの最初のキーワードは「応援」です。

人は、本気になって一生懸命取り組む姿を見るのが好きなのです。

「本気で挑戦している若者を育てたい」という経営者も数多くいます。

成功している人ほど、そんな気持ちを強く持つ傾向があるようです。自分も多くの人に助けられて育ててもらったと考え、その感謝の気持ちから、「協力しよう」「応援しよう」という気持ちになるという話をよく聞きます。

あなたは、説明をするとき、次のような表現を使っていないでしょうか？

「上司がそう言っているので」

「一応、先方には指摘したのですが」

将来スーパーや
コンビニで
販売されることを
想定して
商品棚を
つくってみました
せんべい
おむすびせんべい
!!

「AさんにOKしてもらえるのなら」

これらは、どれも「責任を回避したい」という印象が強い表現です。「仕事だから仕方がない」「担当だから仕方がない」という意味合いに取られます。つまり、

「自分は本気ではない！」

そう宣言しているようなものです。

あまりにも多くの人が、深く考えずにこんな表現を使っています。

担当者は、その仕事について最も多くの時間を使って、中身をより深く

知っているはずです。その担当者が本気で取り組んでいないような話に、誰も真剣に耳を傾けてくれるはずがありません。では、その「本気」とは、いったい何でしょうか？

一生懸命やること？
最後まで努力すること？
あきらめないこと？

「一生懸命」「努力」「あきらめない」は当たり前。それだけでは不十分です。相手は本気だと認識してくれません。ここで理解していただきたいのは、**「本気かどうか」を判断するのは自分ではなく相手**だということです。

相手に「協力したい」と思わせるためには、**人との「違い」を見せる**ことです。

人と比べて「違うな」と思われるような、自分なりのやり方や努力の仕方で**「自分の本気」を伝える**のです。**「人がやらない」「人ができない」工夫**をするということです。

03 「自分が仕事で成長した話」が意外な感動を呼ぶ

私たちは、「人の成長」を見るのが好きです。

たとえば、漫画やドラマの主人公が、ダメ人間から挫折を通してたくましくなっていくと、そんな姿に共感を覚えます。頼りなかった職場の新人クンが、後輩が入ると急に頼もしく見えるのも微笑ましい光景です。

そんな成長のドラマを見せられると、思わず応援したり、手助けしたくなったりするものです。この心理をぜひ味方につけたいものです。

自分が日々、どんなふうに努力し、どんな試行錯誤を繰り返しているのかを定期的に報告する。それだけで、相手には意外に喜ばれるものです。最近は、「結果」だけを報告する人が多いようですが、それでは相手の心を動かすことはできません。

最近は、ブログを書く社長が増えています。なぜ忙しい経営者が、お金にならないブログを書くのでしょうか。

それは、ホームページへのアクセス数を上げるSEO対策や新しい情報の告知という一面もありますが、「試行錯誤する等身大」の姿を見てもらうという意図もあります。そうすることで、親近感を持ってもらい、ファンを増やす効果があるからです。

うまくいかなかったり、悔しかったりする姿を見てもらい、成功すると、より多くの人が喜んでくれます。つまり、**成功へのプロセスが、相手の心を動かす**のです。

04 「足を運ぶ」説明術

最後のポイントは、**「直接」アプローチする**ことです。

説明の手段には、「実際に会って話す」「電話で話す」「メールで送る」あるいは「文書（手紙）で送る」などがあります。

現在はメールが主流ですが、メールでのやり取りが、実際に面と向かって話をしていたら起こりえないようなトラブルに至ってしまったことはありませんか？

メールは、「箇条書き」にできるような情報を淡々と伝えるときには、たいへん優れたツールです。逆に、「誠意」や「熱意」などを伝えるときに使うツールとしては適していません。そういった**「感情の熱」は、メールではなかなか届けられない**のです。

また、ちょっとした言葉（文字）の使い方で、相手のネガティブな感情を煽りかねない危険性があります。

メールでやり取りをしていて、「相手の反応が鈍い」「どうやら、この話によい印象を持っていないようだ」という雰囲気を感じ取った場合、返事をなかなかもらえない場合には、「待ち」の状態をいち早くやめるべきです。

「自分の本気」をアピールするために、多少遠くても「足を運ぶ」というのがとても大きな意味を持ち、効果を生みます。

なぜ「足を運ぶ」ことが大切なのでしょうか？

多くの人は、「情報を伝えるだけなら

ほかに手段があるのに、忙しい中、時間をかけて、わざわざ、やってきてくれた」と思います。

暑いとき、雨のとき、遠いときほど、実際に行く効果があります。

やぁ
大通さん
もう来て
くれたとは…
お時間を
取っていただき
ありがとう
ございます

ただ、つねにどこにでも飛んでいけるというわけではありません。

「ここぞというとき」「今このときこそ」というときですね。

それは、相手がネガティブな状態の場合、**「話の流れを変えたいとき」「重要な決断をしてもらいたいとき」「説得したいとき」**です。

実際に会いに行くためのアポ取りも、「一度、お会いしたいのですが」とメールで送っても返事がもらえない場合があるため、電話をおすすめします。

05 相手の「共感」を生むネタの上手な見つけ方

相手が「自分から協力したくなる」ときの、２番目のキーワードは「お返し」です。

自分に興味を持ってくれた相手に興味を持つ――。そこに共通の話題や体験が生まれます。

「カレーがお好きなら、おいしい店がありますからいっしょに行きましょう」

「おすすめのカレー店はどこですか？　今度連れていってください」

こういった会話が**「共感」**になっていくのです。

ただ、相手の好みを察してそれをビジネスの会話の中に入れるのは、それほど簡単ではありません。だからこそ、**それができる人には親近感を持ってしまう**のです。

おそらく、相手が細かいところまで気にして自分のことを見てくれているという驚きと、自分の極めて個人的なこだわりを理解してそれを受け入れてくれたという親近感が、

その**相手への共感につながる**のではないかと思います。

逆に言えば、相手にとって自分がそういう存在になっておくことが、説明をする際に役立つ関係づくりのひとつなのです。つまり、ここに「お返し」が生まれます。

相手との共通項が見つかるだけで心理的な距離が縮まり、仲良くなれるものです。そのために、会話の中から相手との共通項を意識して見つけるのです。

相手との共通項を見つけるには、日ごろから相手の話をよく聞くことです。

とくに、相手の**「たとえ話」「面白かったこと」「週末のすごし方」**などを注意して聞くとよいでしょう。

06 「あなたが得すると、誰が得する？」という発想法

相手が「自分から協力したくなる」ときの3番目のキーワードは「利用」です。

相手に何かほかに下心や思惑があって、賛成、協力、応援してくれる状況です。

つまり、**自分が話を進めると「得する人」「喜ぶ人」を探す**——というのが、基本ステップです。

たとえば、新規事業のアイデアを思いついたが、所属している部署では実現が難しい。そこで、新規事業を担当する役員のところに行って提案してみた。それをきっかけに異動させてもらい、新規事業の立ち上げをしている——。なんていう人がたくさんいます。

会社とすれば、全社的に推進したいテーマというものがつねにあるはずです。

「新規事業をどんどん進めたい」とか「女性の管理職を増やしたい」とか「男性の育児休

暇、あるいは在宅勤務を増やしたい」というものもあるでしょう。

「会社のテーマに自分の提案をうまく利用してもらえないか」と考えてみるのです。

相談や提案をする先は、必ずしも1つではありません。

直属の上司で話にならないなら、別の人に相談してみればいいのです。そうやって、利害関係が一致している人を探してみるのです。「敵の敵は味方」という言葉もあります。

「誰と組めば話が進めやすくなるかを考えて相談してみる」という方法があることをぜひ覚えておいてほしいと思います。

大手メーカーと提携して製造ラインも流通経路も任せるか
自社生産にこだわるなら中堅の流通会社との渡りをつけるか
どちらも「三好」の体力を大きく削ぐ結果になるでしょう

07 「人の心をくすぐる言葉」の法則

最後に、相手の「自尊心」をくすぐる言葉を紹介しましょう。

「一番先に相談したいんです」
「まず聞いてもらいたくてきました」

こうしたフレーズを聞いた相手は、悪い気はしないものです。

一番に相談する、つまり、情報を真っ先に持っていくこと自体が「相手に対する尊敬の念」を示すことになり、相手はたとえ忙しい最中であろうとも「説明を聞こう」という気持ちになってしまいます。ひいては「助けてあげよう」「協力してあげよう」というきっかけになっていくのです。

しかし
サードブリッジの
デザイン案には
新しい顧客を
開拓する力が
あります
あの白い店舗には
未来があります

「そんなセリフ、わざとらしくて言いたくない」という方、わざとらしくても構いません。照れずに言えば、相手は「こいつ、うまいこと言いやがって」と思っても、けっしてイヤな気持ちにはなりません。つまり、誰も損をしないのです。

ただ、嫌いな相手から話をされるより、**好きな相手からのほうが「協力したい」という気持ちになりやすい**ものです。それは、いったいなぜでしょうか？

第1に、人は嫌いな人の話を積極的に聞こうとはしません。「嫌い」という感情が心の中に「ノー」の構えを生み出してしまいがちだからです。

第2に、人は「自分のことを好きだという人」を嫌いにはなれないのです。

周囲の協力をうまく得ながらビジネスを成功させている経営者たちに話を聞くと、共通して「相手のことをまず好きになる」ことを意識しています。

相手を先に好きになれ――。

まさにこれこそ、「頭のいい説明」の王道です。

人を好きになるのも、嫌いになるのも、考え方次第、訓練次第です。一度、自分の感情から離れて「相手のことを好きになるトレーニング」をしてみてください。

――まあいい
サードブリッジのプレゼンよりずっと心に響いたぞ
ありがとうございます

かっ…
かわいい!!
なんだこの
マルチーズのような
女性は!!
この
モフモフ感!!
兄貴…
よくも穂乃香を
泣かせたね
勝ったぞ
妹よ!
ふん!

エピローグ

「頭のいい説明」――「一番伝えたいことを伝える」コツ

兄貴と穂乃香は
その後　婚約した
でも
私は——
希はいつも
行動的なのに
じれったい
見てられない

だって婚活マッチングで一度 私から振ってるんだよ?
ひどく傷つけたのに今さら厚かましくて何も言えないよ
男って繊細な所があるから難しいよな
……
「三好」のリニューアル広告が読朝新聞広告大賞にノミネートされたんだ!!
本当!?
そうだ
内部情報だが ほぼ大賞確定だそうだ
あれは高橋くんの力も大きいし…

それ高橋さん気にしてた！
早く知らせなきゃ！
タタタ
ガチャ
——あれ？
高橋さんは？
No.6

今日から出張で
大阪ですよ
さっき
出たところです
え…?
ー
タタタ
品川
しながわ
Shinagawa
高橋さんは
いつも
陰で私を
支えてくれた
結果が出る
「頭のいい説明」のコツを
辛抱づよく教えてくれた
カツ
私にとっては
大切な人
だから賞のことは
一番に言わなきゃ
私が一番に
言いたいの

言いたいことは
たくさんあるのに
言えなかった
本当は初めて
逢ったときから
気づいていたのに
あのとき
私から手を
離してしまった
すみません
すみません

4
プぃいいル
!!
ダッ
ダッ

今度こそ間違えない!!
高橋さん!!
希さん?
どうしてここに…?

どうしても
どうしても一番に
あなたに
知らせたいことが
あって…
——では
冒頭は
結論から——
プルルルルルルル

【作画】藤沢 涼生（ふじさわ りょう）

漫画描き。

海外ネットを旅するうちに英文科卒なのに中国語ができるようになったり、ＴＶ局で生放送のディレクターをしてたことがあったり謎の経歴。

日々新しいことにチャレンジ中。

＊

【脚本・本文デザイン・DTP・編集協力】ユニバーサル・パブリシング㈱

【取材協力】有限会社メルクマール　森田智子

まんがでわかる！
頭《あたま》のいい説明《せつめい》「すぐできる」コツ

著　者――鶴野充茂（つるの・みつしげ）
作画者――藤沢涼生（ふじさわ・りょう）
発行者――押鐘太陽
発行所――株式会社三笠書房
〒102-0072 東京都千代田区飯田橋3-3-1
電話：(03)5226-5734（営業部）
：(03)5226-5731（編集部）
http://www.mikasashobo.co.jp
印　刷――誠宏印刷
製　本――若林製本工場

編集責任者　清水篤史
ISBN978-4-8379-2767-9 C0030